全国检验检测认证职业教育集团

CHINESE TESTING, INSPECTION AND CERTIFICATION EDUCATION ASSOCIATION

U0137946

2021年
中国检验检测认证行业
就业市场报告

全国检验检测认证职业教育集团　组织编写

中国轻工业出版社

图书在版编目（CIP）数据

2021年中国检验检测认证行业就业市场报告 / 全国检验检测认证职业教育集团组织编写 . —北京：中国轻工业出版社，2023.7

ISBN 978-7-5184-4193-8

Ⅰ.①2…　Ⅱ.①全…　Ⅲ.①高等学校—产品质量认证—专业—劳动力市场—研究报告—中国—2021　Ⅳ.①F249.212

中国版本图书馆CIP数据核字（2022）第219348号

责任编辑：张　靓　　责任终审：劳国强　　整体设计：锋尚设计
文字编辑：刘逸飞　　责任校对：朱燕春　　责任监印：张京华

出版发行：中国轻工业出版社（北京东长安街6号，邮编：100740）

印　　刷：北京博海升彩色印刷有限公司

经　　销：各地新华书店

版　　次：2023年7月第1版第1次印刷

开　　本：889×1194　1/16　印张：6.5

字　　数：160千字

书　　号：ISBN 978-7-5184-4193-8　定价：128.00元

邮购电话：010-65241695

发行电话：010-85119835　传真：85113293

网　　址：http://www.chlip.com.cn

Email：club@chlip.com.cn

如发现图书残缺请与我社邮购联系调换

221438K1X101ZBW

本书编委会

本书联合发布单位

（排名不分先后）

中国国际检验检测创新中心

中国检验检疫科学研究院综合检测中心

全国化工医药职业教育集团

常州工程职业技术学院

河北化工医药职业技术学院

深圳职业技术大学

黎明职业大学

广州汇标检测技术中心

常州纺织服装职业技术学院

重庆化工职业学院

广东环境保护工程职业学院

浙江经贸职业技术学院

顺德职业技术学院

黑龙江职业学院

温州科技职业学院

河南质量工程职业学院

辽宁医药职业学院

支持单位

天美仪拓实验室设备（上海）有限公司

上海安谱实验科技股份有限公司

新冠肺炎疫情在全球的传播已经3年多，它深刻地改变着世界的格局，影响到了每一个普通人。虽然不同国家应对新冠肺炎疫情的方式不同，但是从宏观到微观，我们都真切地感受到了世界的割裂和巨大的不确定性。疫情造成的供应链中断、芯片短缺、停工停产、消费萎缩、通胀高企等突出问题，使得跨国企业纷纷开展了产业链、供应链的再分配、再组织工作。当今世界瞬息万变，全球化进程还会继续吗？全球经济的增长还会持续吗？中国经济还会是全球经济增长的"发动机"吗？

带着这些疑问，我们迈入了2022年。2022年对全球经贸领域影响最大的一件事情就是《区域全面经济伙伴关系协定》（RECP）的正式生效，这标志着当前世界上人口最多、经贸规模最大、最具发展潜力的自由贸易区正式启航。2022年3月11日，国务院总理李克强在人民大会堂出席记者会并回答中外记者提问时明确表示：长江黄河不会倒流，中国对外开放的大门绝不会也不能让它关上。总理的表态代表中国政府，也代表中国人民。

检验检测、认证认可作为国际通行的国家质量基础设施（NQI）和贸易便利化工具，是全球贸易中必不可少的"通行证"。纵观全球检验检测认证（TIC）服务市场，并购整合、智能化改造、精细化运营等趋势日渐明显，海外TIC巨头在中国的市场布局更加深入广泛，他们用实际行动"看好"中国的发展。

2021年，我国检验检测机构数量已经突破5万家，营业收入超过4000亿元，年均机构数量增长超过10%，营业收入增长超过12%，我国已成为全球增长速度最快、最具潜力的检验检测市场。新能源、新材料、新基建、预制菜、公共卫生（医学检验）、国产检测装备等领域异军突起，需求猛增。虽然我们正艰难地在防疫与经济发展中寻求平衡，但中国的超大市场、超全产业链、超级勤劳的人民仍旧彰显了中国经济的发展底气和韧劲，2021年中国检验检测市场取得了亮眼的成绩。

2022年我国高校毕业生达到创纪录的1076万人，比2021年增长18.4%。2022年考研人数457万人（同比增长21.2%），公务员考试人数183万人（同比增长22%）。受需求收缩、供给冲击、预期转弱三重压力，就业形势"极其严峻"。2021年中国检验检测认证行业的就业形势如何呢？它是否能够独善其身而"风景这边独好"呢？

全国检验检测认证职业教育集团已经连续3年发布《中国检验检测认证行业就业市场报告》，这份报告已经成为我国高校尤其是职业院校检验检测分析专业老师的"工具书"，也是检测企业和学生重点参考的数据来源。全国检验检测认证职业教育集团利用大数据分析技术对行业招聘数据进行监测和分析，从海量大数据中洞察检验检测认证行业就业招聘和用人的关键趋势，解析数据背后的重要变化，希望这本报告对读者有所裨益。

由于数据量和分析技术的限制，报告中可能有不当之处，敬请专家和读者批评指正，我们将竭力修改完善。

编委会

目 录

第一章
全球检验检测
认证行业发展现状

一、2021年全球检验检测认证市场规模 / 2

二、全球检验检测认证领域投资并购情况 / 6

三、全球检验检测认证产业发展的机遇与挑战 / 7

第二章
中国检验检测
认证行业发展现状

一、中国检验检测认证行业发展总览 / 10

二、检验检测认证行业政策分析 / 11

三、检验检测认证行业整体规模 / 14

四、检验检测认证机构情况 / 16

五、检验检测认证行业从业人员情况 / 18

六、报告及证书发布情况 / 22

七、仪器装备情况 / 24

八、服务新兴领域及高技术制造业 / 25

九、检验检测认证行业发展趋势 / 27

十、检验检测认证行业存在的主要问题 / 30

第三章

全国高校检验检测
认证类专业群数据分析

一、本科院校检验检测分析相关专业分布 / 36

二、高等职业院校检验检测分析类专业分布 / 37

第四章

2021年全国检验检测
认证就业市场概况

一、应届毕业生就业压力加剧 / 44

二、检验检测认证行业人才需求旺盛 / 45

三、高校应届毕业生就业形式多元化，慢就业趋势明显 / 46

四、高端岗位人才稀缺，岗位需求两极分化 / 48

第五章

2021年全国检验检测
认证就业市场大数据分析

一、全国检验检测认证行业岗位需求情况分析 / 50

二、职能层薪酬与岗位发布量分析 / 51

三、检验检测岗位通用能力要求 / 75

第六章

全国检验检测
认证就业市场展望

一、招聘门槛明显提高，供求双方预期差异扩大 / 78

二、综合型人才更受行业青睐 / 79

三、新兴领域检验检测认证人才需求增加 / 79

四、检验检测认证行业人才流动加快 / 81

缩 略 语 / 83

图表索引 / 84

参考文献 / 88

数据来源 / 88

致 谢 / 89

第一章

全球检验检测认证行业发展现状

一、2021年全球检验检测认证市场规模

检验检测认证（Testing, Inspection and Certification，TIC）作为国际公认的国家质量基础设施（National Quality Infrastructure，NQI），在全球经济贸易中发挥着重要的作用。检验检测认证服务服务于所有产业、供应链的全过程，是保障质量、安全、环境、健康（QSEH）的重要技术支撑。一般来说，全球检验检测认证服务市场取决于产品和资产的价值及相关风险，而检验检测认证服务的"强度"则取决于产品生产制造者或资产管理运营者分配于管理控制活动的比例。根据国际社会的统计规则，全球检验检测认证服务市场约占其所服务的产品或资产价值的0.1%～0.8%。

从中短期来看，全球检验检测认证服务市场的总体份额取决于通货膨胀、全球经济活动、投资和贸易活动等相关因素。从长远来看，虽然全球经济受到新冠肺炎疫情、供应链中断、芯片短缺等外部因素的严重影响，但全球主要经济体尤其是以中国为首的亚洲经济体仍旧保持了非常旺盛的活力。得益于新兴经济体中产阶级对安全健康需求的日益增长，全球供应链的高质量发展，全球经济的数字化改造，可持续及绿色新能源发展（双碳约束），健康和公共卫生发展等五大驱动因素，全球检验检测认证行业仍旧呈现出了繁荣的发展态势。

全球检验检测认证（TIC）市场规模在2020—2021年间仍保持了稳定的增长，2021年突破2500亿欧元（BV2021年年报），过去10年间的年平均复合增长率达到10.03%（图1-1）。根据全球知名调研机构markets and markets预测，2021—2030年全球检验检测行业的市场规模将以6.1%的年均复合增长率增长，预计到2030年将超过3100亿欧元。

2021年，全球Top 10检验检测认证上市公司营收约为2449.99亿元（以人民币合计），比2020年增加5.05%；总利润312亿元，比2020年下降3.33%（以2021年平均汇率折算）。

图1-1　2021年全球检验检测认证市场规模情况

（数据来源：BV年报，markets and markets数据，编委会整理。）

从市场份额的占比来看，2021年全球Top10的检验检测认证机构总营收（表1-1）约占全球市场13.5%的份额，仍旧是一个长尾且极其分散的市场。

表1-1　2021年全球Top10检验检测认证机构营收情况一览表

序号	名称	营收	增幅	利润	增幅	员工数	利润计算方式
1	欧陆（Eurofins）	67.18亿欧元	24.0%	7.83亿欧元	45.0%	50357	EBITDA
2	瑞士通标（SGS）	64亿瑞郎	14.2%	10.55亿瑞郎	16.5%	96000	profit for the year
3	必维集团（BV）	49.81亿欧元	9.4%	7.188亿欧元	16.1%	40000+	adjusted operating profit
4	德凯（DEKRA）	35.34亿欧元	39.3%	2.26亿欧元	15.4%	47770	EBIT
5	天祥集团（Intertek）	27.863亿英镑	1.6%	4.33亿英镑	14.5%	44000+	adjusted operating profit
6	南德意志集团(TÜV SÜD)	26.673亿欧元	7.3%	2.252亿欧元	30.9%	23220	EBIT
7	挪威船级社（DNV GL）	214.64亿挪威克朗	2.6%	36.73亿挪威克朗	5.5%	11795	EBIT/Operating profit
8	莱茵TüV（TüV Rheinland）	20.907亿欧元	7.1%	1.578亿欧元	上年同期为负，扭亏为盈	20241	EBIT
9	艾普拉斯（Applus+）	17.767亿欧元	14.1%	1.752亿欧元	48.0%	25278	Operating profit
10	澳实（ALS）	17.61亿美元	-4.9%	2.863亿美元	-3.0%	15000+	Underlying EBITDA

数据来源：上市公司年报，编委会整理。

在约2500亿欧元的检验检测认证市场中，第一方及第二方检测（政府及企业内部检测业务）约占55%市场份额，第三方检验检测约占45%市场份额（图1-2），第三方市场的份额相比2020年提升了5个百分点。

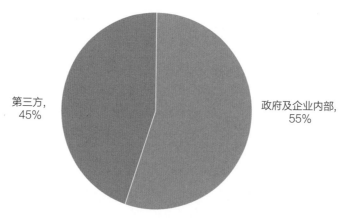

图1-2 2021年全球检验检测市场占比情况
（数据来源：BV2021年年报，编委会整理。）

从细分领域来看，消费品和零售、食品和农产品、石油天然气、建筑、化工产品等传统行业的检验检测业务份额超过了一半，达到50.6%（相比2020年增加约0.3个百分点）。金属及矿产品、其他工业产品、交通、汽车等领域约占31.6%的份额，其他领域包括创新业务领域占据约为17.8%的份额（图1-3）。

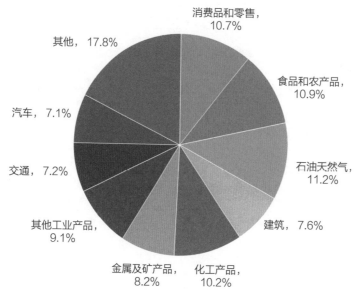

图1-3 2021年全球检验检测细分行业占比情况
（数据来源：BV集团2021年年报，编委会整理。）

2021年以来，主要欧美国家放松了对新冠肺炎疫情的管控，全球防疫领域的投入逐渐减少，但全球生命科学（尤其是生物医药领域）以及医药外包（CXO）等领域仍旧保持了稳定的增速，为之提供研发配套服务的生命科学仪器产业、试剂耗材、质量安全测试等领域亦呈现繁荣发展态势。2021年全球Top20的科学仪器上市公司总营收达到了1526.95亿美元。值得注意的是，美国仍旧是全球科学仪器的执牛耳者，Top 20的公司中美国公司占据了14个席位（占总数的70%），总营收达到了1186.41亿美元（占总营收的77.7%），见表1-2。

表1-2　2021年全球Top20 科学仪器公司营收情况一览表

序号	公司名字	2021营收（亿美元）	2020营收增速	2021营收增速	公司总部
1	赛默飞（Thermo Fisher）	392.1	26.3%	21.7%	美国
2	丹纳赫（Danaher）	294.5	24.4%	32.0%	美国
3	默克（Merck）	208.37	8.6%	12.3%	德国
4	蔡司（Zeiss）	79.36	3.7%	19.6%	美国
5	安捷伦（Aglient）	63.19	3.4%	18.4%	美国
6	阿美特克（Ametek）	55.47	-12.0%	22.2%	美国
7	赛莱默（Xylem）	51.95	-7.1%	6.5%	美国
8	珀金埃尔默（Perkin Elmer）	50.67	31.1%	33.9%	美国
9	因美纳（Illumina）	45.26	-8.6%	39.7%	美国
10	伯乐（Bio-Rad）	42.46	116.4%	11.6%	美国
11	梅特勒-托利多（Mettler-Toledo）	37.18	2.6%	20.5%	瑞士
12	赛多利斯（Sartorius）	36.51	27.8%	47.7%	德国
13	生物梅里埃（biomerieux）	35.58	16.6%	8.3%	美国
14	岛津（Shimadzu）	32.97	2.1%	8.8%	日本
15	沃特世（Waters）	27.86	-1.7%	17.8%	美国
16	布鲁克（Bruker）	24.18	-4.1%	21.7%	美国
17	凯杰（Qiagen）	22.52	22.5%	20.4%	美国
18	思百吉（Spectris）	15.97	1.2%	-3.3%	英国
19	帝肯（Tecan）	9.54	14.8%	12.9%	瑞士
20	富鲁达（Standard BioTools）	1.31	17.9%	-5.4%	美国

数据来源：上市公司年报，编委会整理。

二、全球检验检测认证领域投资并购情况

编委会根据媒体的公开报道整理信息，据不完全统计，2021年全球检验检测认证机构共披露了138笔投资并购交易，总交易金额达到124.52亿美元（图1-4）。其中，中国国内媒体共披露了23笔投资交易，已披露的交易金额为18.48亿元人民币。

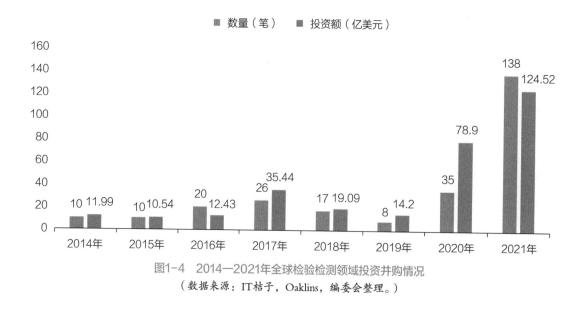

图1-4 2014—2021年全球检验检测领域投资并购情况
（数据来源：IT桔子，Oaklins，编委会整理。）

全球知名投资并购服务机构Oaklins的报告称，2021年全球检验检测认证并购"触底反弹"，实现并购数量和金额的"大反转"，究其原因是检验检测认证产业机构已经从新冠肺炎疫情的影响中彻底恢复过来，全球贸易也逐步打通产业链，加上全球新兴经济体日益增长的安全健康需求、气候变化相关的产业投资、可持续发展及监管的要求等多方面外部因素交织，促使公共部门和私人资本对检验检测认证市场需求复苏。加上2020年部分检验检测认证优质标的估值较低，资本看好整体产业前景，故2021年全球检验检测认证产业领域呈现了比较繁荣的投资并购局面。

三、全球检验检测认证产业发展的机遇与挑战

"穿越周期，顺势而为"已经成为当下全球检验检测认证产业机构领导者的共识，编委会通过研究全球检验检测认证上市公司年报发现，机构们对全球检验检测认证产业发展的预期均表现出乐观的态度。总的来看，全球检验检测认证产业面临以下机遇与挑战。

1. 创新业务的机遇

随着全球新兴技术的日益发展，5G通信、量子计算、生物科技、人工智能、机器人与自动化、物联网、大数据与数据分析、未来车辆和出行、远程服务技术、信息和网络安全服务等创新领域的检验检测认证业务需求也日益涌现。SGS全球首席执行官Frankie Ng将其总结为检验检测认证新的六大增长领域：连接服务，营养服务，卫生健康，气候变化与可持续发展，基础设施，消费者权益保障。

2. 双碳与可持续发展业务的机遇

全球主要国家尤其是中国对温室气体排放制定了达峰及减排的行动路线图和排放达峰的承诺，能源、交通、电子、汽车、建筑等主要产业链将迎来新一轮的产业革命，低碳与可持续发展领域的质量安全健康等服务将迎来新的增长。同时，由于全球主要发达经济体开始推行ESG（Environmental, Social and Governance，环境社会与公司治理）的可持续发展评价体系，由此带来的产业链上市公司合规经营、可持续发展的质量技术服务需求也呈现增长态势。

3. 不确定性的挑战

德凯集团（DEKRA）首席执行官Stan Zurkiewicz在媒体上表示："供应链中断、原材料短缺、商业活动受限等问题将会在疫情期间持续存在，全球经济增速下降等外部不确定性对检验检测认证服务产业的需求将存在巨大影响"。Stan Zurkiewicz的观点代表了全球主要检验检测认证巨头的共识，而不确定性不仅仅来自全球产业链的中断，还来自气候变化、地缘政治和逆全球化等方面。

第二章

中国检验检测认证行业发展现状

本章的数据主要来自于国家市场监督管理总局、国家认证认可监督管理委员会及国家统计局等权威部门。截至本报告成稿日期，国家市场监督管理总局未发布2022年检验检测与认证服务业的统计数据，故本报告将主要以2021年末行业数据作为分析依据。

一、中国检验检测认证行业发展总览

2021年是党和国家历史上具有里程碑意义的一年，是我国"十四五"开局之年，党和国家沉着应对百年变局和世纪疫情，高质量发展取得新成效，经济发展和疫情防控保持全球领先地位。初步核算，全年国内生产总值为1143670亿元，比2020年增长8.1%，两年平均增长5.1%。中国依然是推动全球经济增长复苏的核心力量，这些年我国经济对世界经济增长的贡献总体上保持在30%左右。

2021年，随着我国经济形势的进一步好转，外贸出口、消费与投资均呈现良好的增长态势。国务院提出了"双循环"的发展战略，着力优化国内营商环境、重点突破"卡脖子"关键技术。检验检测认证作为国家质量基础设施（NQI），2021年也取得了长足的发展，仍旧保持了良好的增长态势。

截至2021年底，我国共有各类检验检测机构51949家，共实现营业收入4090.22亿元，共向社会出具检验检测报告6.84亿份，共有从业人员151.03万人，共拥有各类仪器设备900.32万台套，全部仪器设备资产原值4525.92亿元，检验检测机构面积10083.754万平方米。

截至2021年底，我国境内认证机构总数为932家，比上年增加28.73%；认证机构颁发各类有效认证证书302.01万张，较上年增长11.80%，涉及获

证组织86.72万家，认证机构业务收入约362.46亿元。认证行业从业人员12.68万人，同比增长7.46%。认证机构、获证组织、认证证书和从业人员均呈现稳步增长的态势，行业发展规范有序，市场化改革成效显著。从数据上来看，我国认证市场颁发的证书数量、获证组织均为全球第一。

二、检验检测认证行业政策分析

检验检测认证作为重要的生产服务行业，对国民经济的发展具有非常重要的基础性作用。近年来，随着国家对检验检测产业的政策激励和市场监督管理部门持续深化"放管服"改革，中国经济向高质量发展迈进，对检验检测认证的需求进一步提升，中国已经逐渐成为全球增长最快、最具潜力的检验检测市场之一。

编委会梳理了2021年度与检验检测认证领域相关的30项重要文件（表2-1），这些文件涉及了化妆品、工业品、网络食品、特种设备、标准物质等重点产品领域，涵盖了"十四五"发展规划、标准、立法、机构监管、资质管理等各个方面。这些重磅政策突出了如下三个方面的重点。

表2-1 2021年我国检验检测认证行业重大政策文件梳理

序号	文件名	文号	颁发机构	发布时间
1	《化妆品注册备案管理办法》	国家市场监督管理总局令第35号	国家市场监督管理总局	2021年1月12日
2	《市场监管信息化标准化管理办法》	国市监办发〔2021〕1号	国家市场监督管理总局	2021年1月18日
3	《中华人民共和国国民经济和社会发展第十四个五年规划和2035年远景目标纲要》	—	2021年全国两会	2021年3月11日
4	《中国质量奖管理办法》	国家市场监督管理总局令第36号	国家市场监督管理总局	2021年3月12日

续表

序号	文件名	文号	颁发机构	发布时间
5	《全国重点工业产品质量安全监管目录（2021年版）》	国市监质监发〔2021〕15号	国家市场监督管理总局	2021年3月31日
6	《计量标准考评员管理规定》	市监计量发〔2021〕22号	国家市场监督管理总局	2021年3月31日
7	《市场监管总局关于印发2021年立法工作计划的通知》	国市监法发〔2021〕14号	国家市场监督管理总局	2021年4月1日
8	《计量授权管理办法》	—	国家市场监督管理总局	2021年4月2日
9	《市场监管总局关于进一步加强国家质检中心管理的意见》	国市监检测发〔2021〕16号	国家市场监督管理总局	2021年4月14日
10	《检验检测机构资质认定管理办法》	—	国家市场监督管理总局	2021年4月22日
11	《网络食品安全违法行为查处办法》	—	国家市场监督管理总局	2021年4月22日
12	《检验检测机构监督管理办法》	国家市场监督管理总局令第39号	国家市场监督管理总局	2021年4月29日
13	《市场监管总局办公厅关于开展打击网售假冒检验检测报告违法行为专项整治行动的通知》	市监检测发〔2021〕54号	国家市场监督管理总局	2021年7月16日
14	《市场监管总局办公厅关于国家产品质量检验检测中心及其所在法人单位资质认定等有关事项的通知》	市监检测发〔2021〕55号	国家市场监督管理总局	2021年7月16日
15	《市场监管总局关于进一步深化改革促进检验检测行业做优做强的指导意见》	国市监检测发〔2021〕55号	国家市场监督管理总局	2021年9月14日
16	《中共中央 国务院关于完整准确全面贯彻新发展理念做好达峰碳中和工作的意见》	中发〔2021〕36号	国务院	2021年9月22日
17	《国家标准化发展纲要》	—	国务院	2021年10月10日
18	《关于进一步发挥质量基础设施支撑引领民营企业提质增效升级作用的意见》	国市监质发〔2021〕62号	国家市场监督管理总局、中华全国工商业联合会、国家发展和改革委员会、科学和技术部、工业和信息化部、商务部	2021年10月15日
19	《市场监管总局关于促进市场监管系统计量技术机构深化改革和创新发展的指导意见》	国市监计量发〔2021〕68号	国家市场监督管理总局	2021年10月28日
20	市场监管总局关于《企业标准化促进办法（征求意见稿）》公开征求意见		国家市场监督管理总局	2021年11月23日
21	《市场监管总局 商务部关于推进内外贸产品"同线同标同质"工作的通知》	国市监认证发〔2021〕76号	国家市场监督管理总局	2021年11月29日
22	《市场监管总局关于加强标准物质建设和管理的指导意见》	国市监计量发〔2021〕78号	国家市场监督管理总局	2021年12月7日

续表

序号	文件名	文号	颁发机构	发布时间
23	《"十四五"推动高质量发展的国家标准体系建设规划》	国标委联〔2021〕36号	国家标准化管理委员会等八部门	2021年12月14日
24	《法治市场监管建设实施纲要（2021—2025年）》	国市监法发〔2021〕80号	国家市场监督管理总局	2021年12月20日
25	《认监委关于认证领域严重违法失信名单管理相关事项的公告（征求意见稿）》	—	国家认证认可监督管理委员会	2021年12月28日
26	《工业和信息化部办公厅关于印发制造业质量管理数字化实施指南（试行）的通知》	工信厅科〔2021〕59号	工业和信息化部办公厅	2022年1月7日
27	《关于加强国家现代先进测量体系建设的指导意见》	国市监计量发〔2021〕86号	国家市场监督管理总局、科学与技术部、工业和信息化部、国资委、知识产权局	2022年1月13日
28	《国务院办公厅关于促进内外贸一体化发展的意见》	国办发〔2021〕59号	国务院	2022年1月19日
29	《国务院关于印发"十四五"市场监管现代化规划的通知》	国发〔2021〕30号	国务院	2022年1月27日
30	《国务院关于印发计量发展规划（2021—2035年）的通知》	国发〔2021〕37号	国务院	2022年1月28日

资料来源：编委会整理。

1. 纳入国民经济与社会发展整体规划

2021年两会通过的《中华人民共和国国民经济和社会发展第十四个五年规划和2035年远景目标纲要》，把加强"国家质量基础设施"建设纳入其中，支持我国经济的高质量发展。

2. 加强行业监管，营造行业良好发展氛围

国家市场监督管理总局颁布实施的《检验检测机构监督管理办法》（国家市场监督管理总局令第39号，业界俗称39号令），明确了检验检测机构及相关检测人员的主体责任，制定了相关处罚规则。

3. 提高行业服务高质量供给

《市场监管总局关于进一步深化改革促进检验检测行业做优做强的指导意见》《关于进一步发挥质量基础设施支撑引领民营企业提质增效升级作用的意见》等文件进一步明确了检验检测行业发展的方向，提出了提质增效、增值赋能、高质量发展、一体化质量供给的具体发展思路，为行业进一步服务产业经济指明了方向。

三、检验检测认证行业整体规模

截至2021年底，我国检验检测服务行业实现全年营收4090.22亿元，比2020年增长14.06%（图2-1），行业仍旧呈现较好的发展态势。

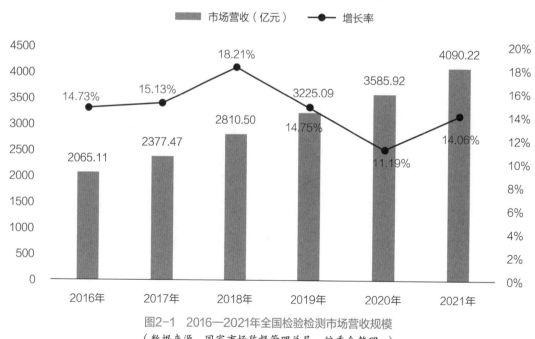

图2-1　2016—2021年全国检验检测市场营收规模
（数据来源：国家市场监督管理总局，编委会整理。）

截至2021年底，我国共有94家检验检测领域的上市公司，同比减少8家。其中，上海证券交易所主板6家，深圳证券交易所创业板10家，深圳证券交易所中小板3家，全国中小企业股份转让系统（"新三板"）67家，其他四板市场8家。2021年新增7家上市公司，上海主板1家，深圳证券交易所创业板2家，"新三板"1家，其他四板市场3家。

编委会整理了上市公司的年报，其中Top10的中国检验检测认证上市公司2021年营收以人民币合计约为632.12亿元，总利润121.56亿元（表2-2）。Top10的检验检测上市公司营收约占当年行业总营收的15.45%。

表2-2　2021年Top10国内检验检测上市公司营收及利润表

序号	名称	营收（万元）	同比增幅	利润（万元）	同比增幅
1	迪安诊断	1308261	22.85%	116288	44.83%
2	金域医学	1194322	44.88%	221964	47.03%
3	达安基因	763358	42.92%	413213	40.54%
4	华大基因	670075	-20.20%	175935	-29.57%
5	苏交科	511943	-6.91%	47191	21.53%
6	垒知集团	491789	27.05%	29914	-29.81%
7	华测检测	432909	21.34%	74619	29.19%
8	中国汽研	383239	12.13%	84116	24.90%
9	中国电研	340621	35.19%	34163	11.55%
10	广电计量	224695	22.09%	18217	-22.60%

数据来源：上市公司年报，编委会整理。

截至2021年底，我国认证服务业实现年度营收362.46亿元，同比增长23.01%（图2-2），发放有效证书302.01万张，同比增长11.80%。其中81家大型认证机构（员工数>300人）发放有效认证证书185.9万张，营业收入211.89亿元，大型认证机构（占总认证机构数量的8.69%）的有效证书占总证书比例为61.55%，营业收入占比为58.46%，认证领域的集约化态势十分明显。

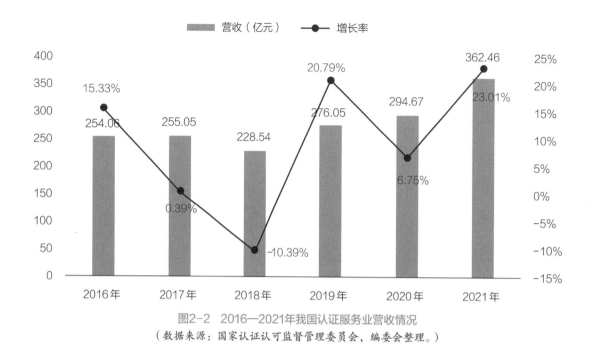

图2-2 2016—2021年我国认证服务业营收情况

（数据来源：国家认证认可监督管理委员会，编委会整理。）

四、检验检测认证机构情况

我国检验检测行业主要由政府所属事业单位性质（国有）检测机构、民营检测机构、外资检测机构三部分组成。近年来我国经济迅速发展，随着检验检测市场规模的扩大，检验检测机构数量持续增长。据统计，截至2021年底，我国共有检验检测机构51949家，较2020年增长6.19%（图2-3）。

从检验检测机构类型看，2021年我国企业单位检验检测机构38046家，占机构总量的73.24%，企业单位包含独立法人单位和非法人单位；其他类型检验检测机构3060家，占机构总量的5.89%；事业单位性质的检验检测机构10843家，占机构总量的20.87%（图2-4）。事业单位性质检验检测机构占机构总量的比重同比下降1.94个百分点。近6年来，我国事业单位性质检验检测机构的比重呈现明显的逐年下降趋势，检测行业事业单位转制迎来新的高

图2-3 2016—2021年我国检验检测机构数量

（数据来源：国家市场监督管理总局，编委会整理。）

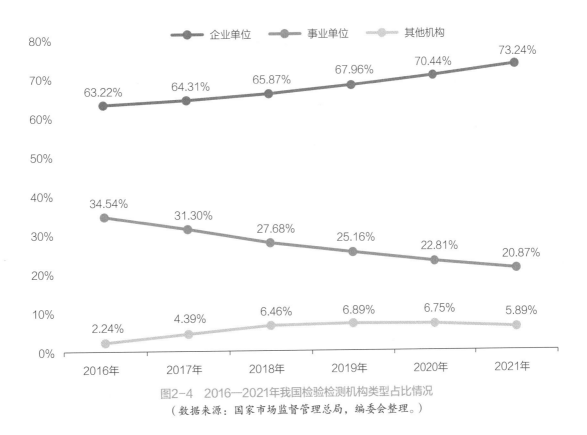

图2-4 2016—2021年我国检验检测机构类型占比情况

（数据来源：国家市场监督管理总局，编委会整理。）

潮。多元化社会资本进入检验检测市场，从原先以事业单位一家独大，发展成为了事业单位、机关单位、民营机构、社会团体机构、外资机构等多种性质并存的检验检测市场新格局。

认证机构是指具有可靠的执行认证制度的必要能力，并在认证过程中能够客观、公正、独立地从事认证活动的机构。认证机构主要由企业单位、事业单位、社会团体等多种性质并存的组织，认证制度随着市场的变化，逐渐从产品认证发展到管理体系认证、服务认证、人员认证等多个领域。

截至2021年底，我国共有认证机构932家，同比增长28.73%，6年来平均增幅达到21.52%（图2-5）。认证服务行业的市场化改革成效也逐步释放，市场活力增强，机构数量稳步增长。

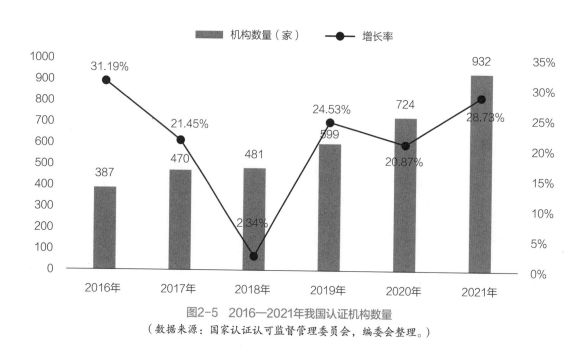

图2-5 2016—2021年我国认证机构数量
（数据来源：国家认证认可监督管理委员会，编委会整理。）

五、检验检测认证行业从业人员情况

检验检测认证行业从业人员是指从事检验检测工作或岗位的技术人员或管理服务人员，包含了从事第一方、第二方及第三方检验检测工作的从业人员。

检验检测认证行业的快速发展，为社会提供服务的同时也提供了大量的就业岗位。截至2021年底，全国检验检测行业共有从业人员151.03万人，比2020年增长6.97%，年均复合增长率超过8.13%，年均新增就业岗位约10万个（图2-6）。

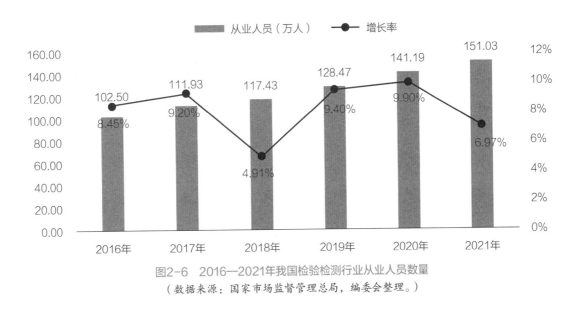

图2-6 2016—2021年我国检验检测行业从业人员数量
（数据来源：国家市场监督管理总局，编委会整理。）

从行业看，截至2021年底，检验检测行业从业人员数量位于前4的行业领域分别是：建筑（包括建筑工程和建筑材料）检验检测领域36.90万人，机动车检验检测领域（包括机动车安检、综检和环检）27.36万人，环境与环保（包括环境监测）检验检测领域19.12万人，食品及食品接触材料检验检测领域8.33万人（图2-7）。这四大行业的从业人员合计91.70万人，占总人数的60.72%，近6年首次突破六成，比重较2020年提高0.87个百分点。

从区域来看，截至2021年底，东部地区从业人员75.13万人，同比增长7.96%，占总人数的49.78%；中部地区从业人员28.99万人，同比增长5.79%，占总人数的19.18%；西部从业人员37.47万人，同比增长7.47%，占总人数的24.79%；东北地区从业人员9.44万人，同比减少1.16%，占总人数的6.25%（图2-8）。得益于区域经济的高速发展，华东、华南、华中地区检验检测人员需求增长较快。东北地区近年来人口持续流出，行业从业人员不增反减。

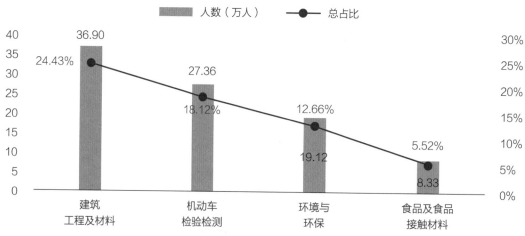

图2-7 2021年检验检测认证行业从业人员行业分布情况
（数据来源：国家市场监督管理总局，编委会整理。）

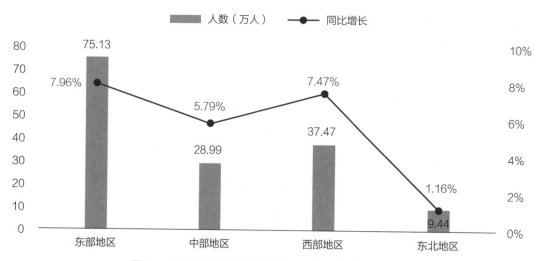

图2-8 2021年检验检测认证行业从业人员区域分布情况
（数据来源：国家市场监督管理总局，编委会整理。）

全国检验检测行业从业人员超过5万人的地区有11个，其中广东省以16.69万人排名第一，江苏省以11.94万人排名第二，陕西省和湖北省从业人数首次突破 5 万人。排名前11的地区从业人员均超过5万人（图2-9），合计从业人员数量占全行业总人数的62.10%。

截至2021年底，我国认证行业从业人员共计12.68万人，同比增长7.46%，5年平均复合增长率为8.49%（图2-10）。认证人员的专业化程度不断提高，从业人员队伍数量也呈现良好的增长态势。

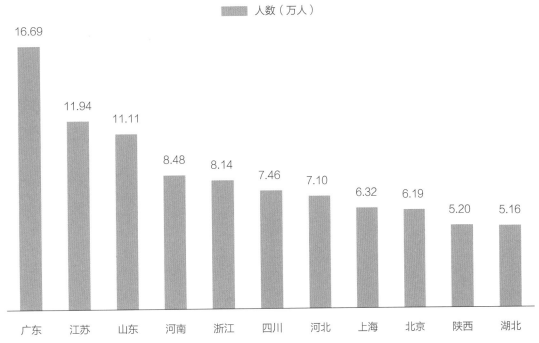

图2-9　检验检测认证行业从业人员超过5万的地区分布
（数据来源：国家市场监督管理总局，编委会整理。）

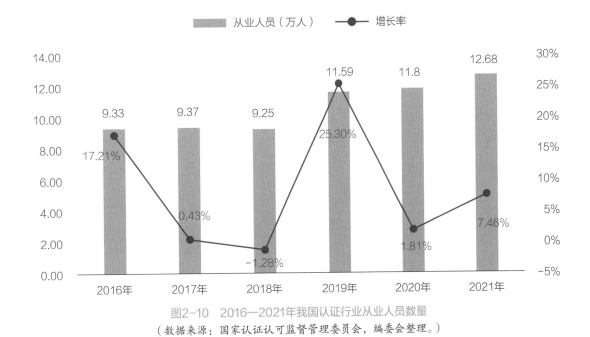

图2-10　2016—2021年我国认证行业从业人员数量
（数据来源：国家认证认可监督管理委员会，编委会整理。）

六、报告及证书发布情况

2021年全年，全国检验检测机构共出具检验检测报告约6.84亿份，较2020年增长20.63%，6年平均复合增长率达到13.17%（图2-11）。2021年平均每个检验检测机构出具报告13166份，平均每天对社会出具各类报告187.40万份。

图2-11 2016—2021年我国检验检测机构出具的报告数量
（数据来源：国家市场监督管理总局，编委会整理。）

截至2021年底，我国认证机构共计发放有效认证证书302.01万张（表2-3），同比增长11.80%，6年平均复合增长率为13.83%（图2-12）。获证组织达86.72万家，同比增长9.99%。有效证书数量及获证组织数量均位居世界第一。

表2-3 2021年国内不同领域认证证书发布情况

认证类别	认证项目	证书数（张）	组织数（家）
管理体系认证	质量管理体系认证	748851	703773
	环境管理体系认证	361562	353758

续表

认证类别	认证项目	证书数（张）	组织数（家）
管理体系认证	职业健康安全管理体系认证	312476	307698
	食品农产品管理体系认证	41799	32085
	信息安全管理体系认证	26414	25459
	信息技术服务管理体系认证	13063	12894
	测量管理体系认证	4365	4199
	能源管理体系认证	8680	8390
	知识产权管理体系认证	27717	27630
	其他管理体系认证	31489	22694
	小计	1576416	743717
产品认证	强制性产品认证	455084	50140
	食品农产品认证	73725	36680
	自愿性工业产品认证	861676	98827
	小计	1390485	176213
服务认证	国家推行的服务认证	163	157
	一般服务认证	52992	39565
	小计	53155	39689
合计		3020056	867214

数据来源：中国合格评定国家认可委员会，编委会整理。

图2-12　2016—2021年我国认证机构颁发的有效认证证书数量

（数据来源：国家认证认可监督管理委员会，编委会整理。）

七、仪器装备情况

从仪器设备的数量上看，截至2021年底，检验检测机构共有仪器设备900.32万台套，同比增长11.50%（图2-13）；仪器设备资产原值4525.92亿元，同比增长9.88%。其中50万元以上仪器设备161285台套，人均设备拥有量为5.96台套。

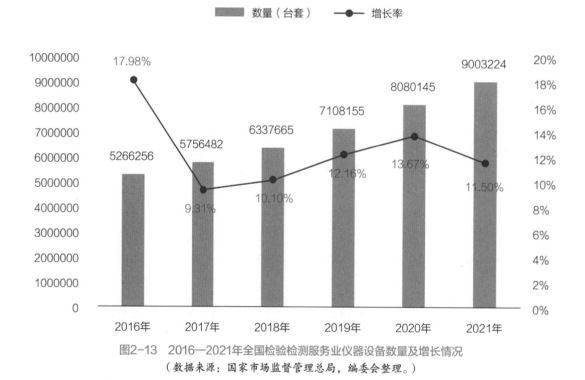

图2-13　2016—2021年全国检验检测服务业仪器设备数量及增长情况
（数据来源：国家市场监督管理总局，编委会整理。）

八、服务新兴领域及高技术制造业

2021年全年，新兴领域的检验检测服务共实现收入737.71亿元，同比增长23.48%，占行业总收入的比重为18.04%。相比较而言，传统领域［包括建筑工程、建筑材料、环境与环保（不包括环境监测）、食品、机动车检验、农产品林业渔业牧业］2021年营收增速为13.48%，增速较上年增加4.57个百分点。总的来说，传统领域占行业总收入的比重仍然呈现下降趋势，由2018年的42.13%下降到2021年的39.32%（表2-4）。

表2-4　2018—2021年全国检验检测服务传统领域和新兴领域情况

领域	年度	营业收入（亿元）	营业收入总占比	营收增速
传统领域	2018年	1184.06	42.13%	9.08%
	2019年	1301.32	40.35%	9.89%
	2020年	1417.16	39.52%	8.91%
	2021年	1608.17	39.32%	13.48%
新兴领域	2018年	457.07	16.26%	20.45%
	2019年	562.94	17.46%	23.16%
	2020年	597.45	16.66%	6.13%
	2021年	737.71	18.04%	23.48%

数据来源：国家市场监督管理总局，编委会整理。

2021年全年，检验检测行业服务高技术制造业取得收入270.07亿元（表2-5）。其中，服务医药制造业收入43.54亿元，占高技术制造业收入16.12%；服务航空、航天器及设备制造业收入42.79亿元，占高技术制造业收入15.84%；服务电子及通信设备制造业收入104.98亿元，占高技术制造业收入38.87%；服务计算机及办公设备制造收入30.95亿元，占高技术制造业收入11.46%；服务医疗仪器设备及仪器仪表制造收入40.61亿元，占高技术制造业收入15.04%；服务信息化学品制造业收入7.20亿元，占高技术制造业收入2.67%。

表2-5　2020—2021年全国检验检测行业服务高技术制造业情况

行业类别	2020年营收（亿元）	2021年营收（亿元）	营收增速
医药制造业	43.01	43.54	1.23%
航空、航天器及设备制造	42.70	42.79	0.21%
电子及通信设备制造	135.30	104.98	-22.41%
计算机及办公设备制造	30.91	30.95	0.13%
医疗仪器设备及仪器仪表制造	36.01	40.61	12.77%
信息化学品制造业	7.45	7.20	-3.36%
总计	295.38	270.07	-8.57%

数据来源：国家市场监督管理总局，编委会整理。

2021年全年，服务战略性新兴产业取得收入256.28亿元（表2-6）。其中，服务新一代信息技术产业业务收入33.74亿元，占战略性新兴产业营收13.17%；服务高端装备业务收入57.68亿元，占战略性新兴产业营收22.51%；服务新材料业务收入25.46亿元，占战略性新兴产业营收9.93%；服务生物产业业务收入38.78亿元，占战略性新兴产业营收15.13%；服务新能源汽车业务收入45.97亿元，占17.94%；服务新能源产业业务收入27.34亿元，占10.67%；服务节能环保业业务收入27.31亿元，占10.67%。

表2-6　2020—2021年全国检验检测行业服务战略性新兴产业情况

行业类别	2020年营收（亿元）	2021年营收（亿元）	营收增速
新一代信息技术产业	38.83	33.74	-13.11%
高端装备	45.56	57.68	26.60%
新材料	24.90	25.46	2.25%
生物产业	26.91	38.78	44.11%
新能源汽车	29.03	45.97	58.35%
新能源产业	25.70	27.34	6.38%
节能环保业	34.02	27.31	-19.72%
总计	224.96	256.28	13.92%

数据来源：国家市场监督管理总局，编委会整理。

九、检验检测认证行业发展趋势

1. 行业集约化趋势更加明显

根据国家市场监督管理总局的数据，截至2021年底，我国规模以上检验检测机构数量达到7021家，同比增长9.46%，连续6年达到12.75%的平均复合增长率。2021年规模以上检验检测机构营业总收入达到3228.30亿元，规模以上检验检测机构数量仅占全行业的13.52%，但营业收入占比已达78.93%，行业集约化发展趋势显著。全国检验检测机构2021年度营业收入在5亿元以上机构有56家，比2020年增加14家；收入在1亿元以上机构有579家，比2020年增加98家；收入在5000万元以上机构有1379家，比2020年增加182家。截至2021年底，全国检验检测认证行业中上市企业数量94家，同比减少8家（图2-14）。在政府和市场双重推动之下，一大批规模效益好、技术水平高、行业信誉优的中国检验检测品牌正在快速形成，推动检验检测认证行业做优做强，集约化发展取得明显成效。

认证服务领域，81家大型机构（人员数量>300人）2021年全年发放有效证书185.9万张，营业收入211.89亿元，营业收入占比为58.46%。数量占比为8.69%的大型认证机构发证数量占总发证数量的61.55%，行业集约化发展趋势显著。

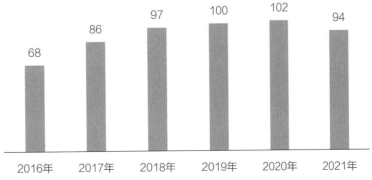

图2-14 2016—2021年全国检验检测上市机构数量（单位：家）

（数据来源：国家市场监督管理总局，编委会整理。）

2. 新技术赋能检验检测认证行业

（1）实验室检测生产与管理体系效率优化

机器人及自动化、物联网技术已经在实验室的生产管理中进行了大量的探索与应用。在汽车、材料、工业品、消费品、纺织品、家电、玩具等领域，自动化的检测应用已经相当普遍，尤其是自动化的汽车检测已经与生产过程结合，形成了完整的产品质量保障体系。另外，智慧实验室的建设也加快了进程，国内已有部分领先的检测机构部署了自动化机器人解决方案，依托全自动机器人与智能仓储、物料流转实现样品智能化管理，并利用人工智能与大数据的信息化系统，实现数据、业务流程、资源的高度整合与智能化管理，大大提升了实验室运行的效率。

（2）装备智能化、自动化

分析检测仪器的智能化、自动化一直是牵引检验检测行业发展的主要力量。近年来，全球大量的仪器设备厂商投入资源研发了众多自动化、高通量、智能化的仪器装备，大大提升了检测分析的效率。值得注意的是，国产仪器装备的智能化研发板块亮点突出，已广泛应用在核酸检测、生命科学、制药工程等领域。

（3）试验研发效能优化

近年来，全球生物制药领域发展迅猛，医药研发外包服务（CXO）的需求猛增。大数据及人工智能技术得以在检验检测和试验研发中有更大的应用空间，检测与研发机构能够采用数据挖掘的方式，寻找改善产品研发和工艺流程的关键信息，从而提升检测与研发的效率。

（4）区块链提升质量保障及信任传递

SGS在国内率先发布了基于区块链技术的检验检测服务平台——通测链，旨在"通过区块链模式重塑第三方检验流程，缓解疫情下的产品检验需求"（图2-15）。由于区块链的不可篡改性，它可以解决检验检测服务过程中数据、信息、证据的可信问题，从而为新冠肺炎疫情下的企业检测提供信任解决方案。

图2-15　SGS发布的通测链平台模式

（数据来源：SGS，编委会整理。）

（5）应用远程技术提升审核验证效率

在新冠肺炎疫情期间，中国认证认可协会发布了团体标准T/CCAA 36—2020《认证机构远程审核指南》，指导认证机构开展远程工作，全球其他检验检测认证机构也在积极探索应用AR智能眼镜实施远程检验、审核工作（图2-16）。

图2-16　SGS发布的远程审核解决方案

（数据来源：SGS，编委会整理。）

3. 行业监管更加严格，发展日益规范

随着《检验检测机构监督管理办法》（国家市场监督管理总局令第39号）的发布，检验检测行业的严格监管成为常态化工作。根据国家市场监督管理总局公布的数据，2021年全国共计监督检查检验检测机构1.93万家次，查处各类违法违规案件4620起，撤销、注销167家机构资质，移送公安司法机关案件12起。这些工作的开展，很好地维护了行业的公正性、权威性，净化了行业风气。

4. 新兴业态助力行业多元发展

编委会观察到2021年检验检测行业中涌现出了更多的新业态，如直播带货、在线直播等。仪器设备的融资租赁也呈现出繁荣的态势，试剂耗材的产业互联网更加完备，检验检测行业"互联网＋"模式的应用有了更大的发展空间。

5. 高质量服务供给发展趋势日益明显

《市场监管总局关于进一步深化改革促进检验检测行业做优做强的指导意见》明确提出要"做大做强"我国检验检测服务机构，提供质量基础设施"一站式"服务。质量基础设施"一站式"服务即：融合计量、标准、认证认可、检验检测、质量管理等要素资源，面向企业、产业、区域特别是中小企业提供的全链条、全方位、全过程质量基础设施综合服务。全球知名检验检测认证服务机构业务范围无不覆盖检验检测、认证、测试、检验等领域，且这些机构服务战略性新兴产业、高技术制造业等领域拥有丰富经验，与产业机构形成非常好的互动机制，从而巩固了其在产业中的基石服务作用。

十、检验检测认证行业存在的主要问题

1. 行业小散弱的根本问题仍未解决

截至2021年底，全国检验检测认证行业就业人数在100人以下的小微型检测机构总数为50032家，占全行业的96.31%，小微机构的营业收入占全行业的52.25%；大中型检验检测机构总数为1917家，占全行业机构总数量的3.69%，营收占全行业总收入的47.75%（表2-7）。有73.16%的检验检测机

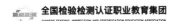
构仅能在本省区域内提供检验检测服务，市场的区域分割特征明显，"本地化"服务仍是主流。

表2-7 2021年我国不同规模检验检测机构数量及营收情况

机构类型	数量（家）	数量占总比	营收（亿元）	营收占总比
微型机构	9810	18.88%	74.74	1.83%
小型机构	40222	77.43%	2062.38	50.42%
中型机构	1657	3.19%	1051.88	25.72%
大型机构	260	0.50%	901.22	22.03%

数据来源：国家市场监督管理总局，编委会整理。

在认证服务领域内，行业分布更为分散。709家规模以下认证机构共计发放了48.53万张有效认证证书，占年度总数的16.07%，平均每家机构发放有效认证证书仅为684张（223家规模以上认证机构平均每家发放有效认证证书11367张）；其行业总营业收入为13.72亿元，占全行业的3.79%，平均每家机构营收193.5万元（223家规模以上认证机构平均每家营收15638.6万元）。

2. 创新研发严重不足

2021年全年，我国检验检测行业投入研究与试验发展（R&D）经费支出总计255.82亿元，同比增长41.68个百分点（图2-17）。户均49.25万元，比去年增加12.34万；全行业仅有3614家机构有研发投入。参与科研项目总计385845项，户均不足1项。绝大多数小微型检验检测机构不具备科研和创新能力，甚至无研发经费的投入。

截至2021年底，获得高新技术企业认定的检测机构数量从2014年的554家增长至2021年的3918家，增幅达到7.07倍以上，但仅占全国检验检测机构总数的7.54%。检测检测机构拥有总商标数量6295件，企业品牌意识淡薄，有待加强。

由于市场竞争的激烈以及科研产出的不确定性，中短期内检验检测机构开

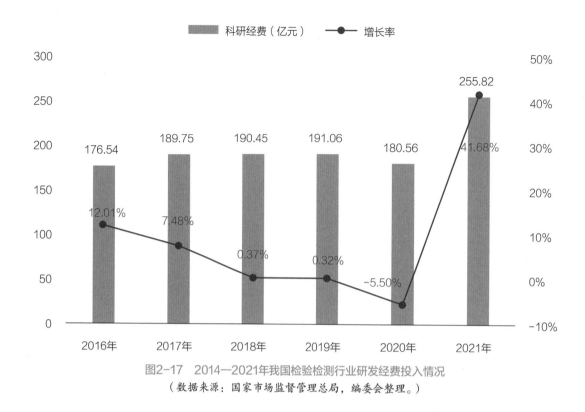

图2-17 2014—2021年我国检验检测行业研发经费投入情况
（数据来源：国家市场监督管理总局，编委会整理。）

展科研的积极性不高。但从中长期战略竞争发展格局来看，缺乏科研创新能力和自有知识产权的技术实力，将使这类检验检测机构逐步被市场所淘汰。

3. 高质量人才供给严重滞后

截至2021年底，全国检验检测认证行业拥有研究生及以上学历、大学本科学历、大专及以下学历人员分别占从业人员总数的9.35%、41.22%和49.43%（图2-18），机构户均拥有研究生及以上学历2.72人、本科生11.99人、大专及以下学历14.37人。从数据来看，一线检测分析工程师学历普遍为大专，人才占比近乎一半。随着互联网、智能化时代的到来，质量基础设施"一站式"服务要求的日益迫切，检验检测领域复合型、综合型、高素质、国际化的人才需求日益迫切，这也成为制约行业可持续高质量发展的重要瓶颈。

相关人才供给分析详见本报告第4～5部分。

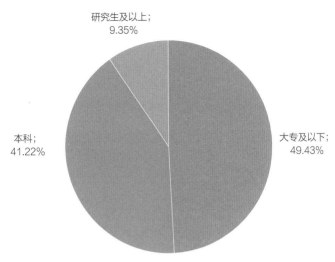

图2-18 2021年全国检验检测机构不同学历从业人员分布

（数据来源：国家市场监督管理总局，编委会整理。）

第三章

全国高校检验
检测认证类
专业群数据分析

本部分编委会主要聚焦本科院校和高等职业院校专业建设情况，通过翔实的数据，为读者解读我国检验检测认证（TIC）领域对应的学科专业群人才培养状况，从人才供给侧出发梳理我国TIC专业群人才培养的"现状"。

一、本科院校检验检测分析相关专业分布

通过教育部高校数据查询，检索到2021年本科院校开设检验检测分析相关专业共有20个，其中化学类专业6个，生物类专业3个，食品类专业4个，药学类专业2个，环境类专业3个，医学类专业2个。共计有654所本科院校（其中39所既是985又是211院校）开设检验检测分析相关专业，专业点位3319个，居前三的是应用化学、环境工程、化学工程与工艺（表3-1）。应用化学是本科院校开设最多的专业，共有394所高校开设，其中22所既是985又是211。

表3-1 2021年本科检验检测分析类专业分布

序号	专业名称	985	211	其他本科院校
1	食品营养与检验教育	0	0	13
2	食品安全与检测	0	0	1
3	化学	25	52	241
4	应用化学	22	68	326
5	生物科学	26	55	227
6	化学生物学	6	10	9
7	材料化学	12	29	114
8	化学工程与工艺	22	57	276

续表

序号	专业名称	985	211	其他本科院校
9	药物化学	1	2	8
10	食品科学与工程	10	39	238
11	食品质量与安全	3	21	218
12	药学	21	42	186
13	药物分析	0	1	16
14	环境科学与工程	1	4	34
15	环境工程	33	78	292
16	资源环境科学	3	3	15
17	医学检验技术	11	17	133
18	卫生检验与检疫	1	2	48
19	应用生物科学	0	1	14
20	生物工程	18	46	207

数据来源：高校数据查询，编委会统计整理。

二、高等职业院校检验检测分析类专业分布

根据教育部发布的公报显示，截至2021年底，我国共有职业院校8812所（职业本科，高职，中职），同比减少22.6%（主要是中职院校大量减少）；年总招生1046万人，同比减少10.5%，总在校人数2915万人，同比减少6.6%。其中本科层次职业院校32所，总在校生12.93万人，职业本科招生4.14万人。高职院校1486所，比2020年增加18所；在校生1590万人，比2020年增加131万人，同比增长8.9%；招生553万人，比2020年增加28万人，同比增长5.4%；毕业398万人，比2020年增加21万人，同比增长5.7%（表3-2）。

表3-2 2015—2021年我国高等职业院校发展数据统计表

年份	学校数（所）	在校人数（万人）	毕业人数（万人）	招生人数（万人）
2015	1341	1048.61	322.29	348.43
2016	1359	1082.89	329.81	343.21
2017	1388	1104.95	351.64	350.74
2018	1418	1133.70	366.47	368.83
2019	1423	1280.70	363.81	483.61
2020	1468	1459.55	376.69	524.33
2021	1486	1590.10	398.00	552.58

数据来源：教育部，编委会统计整理。

2021年3月，教育部印发了《职业教育专业目录（2021年）》，公布了247个本科层次职业教育专业目录，其中与检验检测认证行业相关的职业本科专业有9个（表3-3）。本科层次职业教育学科专业目录中167个专业属于新增专业（占总专业67.6%），职业本科院校还未展开实际的招生及人才培养工作，故职业本科层次检验检测分析类专业人才培养的数据未纳入本年度就业市场报告统计中。

表3-3 2021年职业本科层次检验检测分析专业群情况（职业本科）

序号	专业代码	专业名称	原专业代码	原专业名称	调整情况
1	220801	生态环境工程技术			新增
2	240304	建筑智能检测与修复			新增
3	270101	生物检验检测技术			新增
4	270204	现代分析测试技术			新增
5	290102	食品质量与安全	790101	食品质量与安全	保留
6	290103	食品营养与健康			新增
7	290202	药品质量管理			新增
8	320501	医学检验技术			新增
9	320703	职业病危害检测评价技术			新增

数据来源：教育部，编委会整理。

2021年，在教育部高等职业院校数据系统中，一共检索到6508条与检验检测认证分析专业相关的记录，有1042所高职院校进行了相关专业申报及备

案，但只有1004所高职院校开展了实际招生培养工作，共计开设5148个专业点（表3-4）。其中有516所高职院校实际开设了汽车制造与试验技术专业，占所有检验检测分析类专业的49.5%。排名前三的检验检测专业有汽车制造与试验技术、汽车检测与维修技术、食品检验检测技术（表3-5）。

表3-4　2021年高职院校检验检测分析类专业开设情况（专科）

序号	专业大类	专业代码	专业名称	开设院校数量	招生专业点
1		500211	汽车检测与维修技术	366	734
2	交通运输大类	500212	新能源汽车检测与维修技术	62	58
3		500309	船舶检验	9	9
4		500204	道路工程检测技术	8	6
5	电子与信息大类	510105	电子产品检测技术	14	11
6	公共管理与服务大类	590207	质量管理与认证	6	6
7	能源动力与材料大类	430704	建筑材料检测技术	12	11
8		430404	金属材料检测技术	5	3
9		410301	动物医学	76	112
10		410115	绿色食品生产技术	44	50
11	农林牧渔大类	410114	农产品加工与质量检测	42	48
12		410310	动物营养与饲料	14	15
13		410302	动物药学	11	24
14		410404	水生动物医学	3	2
15		480101	化妆品技术	28	34
16	轻工纺织大类	480411	纺织品检验与贸易	24	33
17		480102	现代造纸技术	6	5
18		470201	应用化工技术	166	252
19		470208	分析检验技术	115	139
20		470101	食品生物技术	70	81
21	生物与化工大类	470102	药品生物技术	54	63
22		470203	精细化工技术	38	43
23		470205	煤化工技术	21	22
24		470104	化工生物技术	17	16
25		470105	生物产品检验检疫	7	7

续表

序号	专业大类	专业代码	专业名称	开设院校数量	招生专业点
26	生物与化工大类	470206	高分子合成技术	2	1
27		490104	食品检验检测技术	235	306
28		490201	药品生产技术	186	234
29		490101	食品智能加工技术	123	157
30		490102	食品质量与安全	95	104
31		490206	药品质量与安全	84	91
32		490202	生物制药技术	51	60
33	食品药品与粮食大类	490203	药物制剂技术	31	44
34		490217	化妆品经营与管理	21	19
35		490301	粮食工程技术与管理	13	22
36		490106	食品贮运与营销	12	9
37		490302	粮食储运与质量安全	11	17
38		490204	化学制药技术	8	9
39		490205	兽药制药技术	4	4
40		490218	化妆品质量与安全	1	0
41		440306	土木工程检测技术	36	41
42	土木建筑大类	440702	房地产智能检测与估价	19	12
43		440604	市政管网智能检测与维护	1	0
44		520301	药学	225	348
45	医药卫生大类	520501	医学检验技术	167	224
46		520410	中药学	153	179
47		520508	卫生检验与检疫技术	27	26
48		460701	汽车制造与试验技术	516	973
49	装备制造大类	460120	理化测试与质检技术	32	29
50		460119	工业产品质量检测技术	27	32
51		420802	环境工程技术	143	177
52		420801	环境监测技术	105	112
53	资源环境与安全大类	420505	煤炭清洁利用技术	23	21
54		420810	核与辐射检测防护技术	3	1
55		420106	岩矿分析与鉴定	1	0

数据来源：教育部，编委会整理。

表3-5 2021年高职院校Top10检验检测分析类专业开设情况（专科）

序号	专业代码	专业名称	开设院校数量	占比
1	460701	汽车制造与试验技术	516	49.5%
2	500211	汽车检测与维修技术	366	35.1%
3	490104	食品检验检测技术	235	22.6%
4	520301	药学	225	21.6%
5	490201	药品生产技术	186	17.9%
6	520501	医学检验技术	167	16.0%
7	470201	应用化工技术	166	15.9%
8	520410	中药学	153	14.7%
9	420802	环境工程技术	143	13.7%
10	490101	食品智能加工技术	123	11.8%

数据来源：教育部，编委会整理。

在所开设的检验检测认证分析专业群中，常州工程职业技术学院以47个班次名列榜首，广东轻工职业技术学院以41个班次名列第二。

根据教育部的数据显示，2021年检验检测认证分析类高职院校应届毕业生为233200人，56个专业在校生为975036人。按照本报告的统计口径测算，高职院校约供应整个行业的25.1%人才需求。

第四章

2021 年全国检验检测认证就业市场概况

一、应届毕业生就业压力加剧

根据教育部的数据，2021年我国高校应届毕业生909万人，比2020年增加35万人，同比增长4%，创历史新高（图4-1）。第二十届中国国际人才交流大会上，科学技术部部长王志刚透露，2020年留学生学成回国77.7万人，2021年归国就业学生估算达到104.9万人。从1978年到2019年，各类出国留学人员总计超过650万人，归国留学人员总计达420余万人。近两年由于新冠肺炎疫情及国际关系变化等因素加速推进留学人员归国潮流，回流的留学生加剧了就业市场的竞争压力。

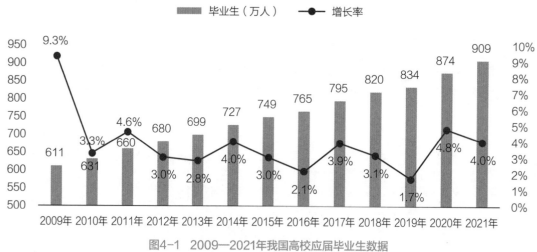

图4-1　2009—2021年我国高校应届毕业生数据
（数据来源：教育部，编委会整理。）

2021年我国研究生考试报名人数达到377万人，录取人数110.7万人（超过260万人陪考），录取率为29.4%，考录比例为3.4:1。根据新东方的统计报告预测，未录取的研究生中约有50%学生选择"二战"——继续考研，约有30%的学生选择就业——即约有80万的考研失利者进入2021年就业市场。2021年我国新增应届大学生和往届大学生就业人数约为1094万人。

当前，我国经济发展面临需求收缩、供给冲击、预期转弱三重压力，经济增长速度明显放缓，内外部发展环境更加复杂。受此三重压力影响，2021年高校应届生就业形势"复杂严峻、非常艰巨"。

二、检验检测认证行业人才需求旺盛

从"中国检验检测认证就业大数据平台"监测的招聘数据来看，2021年全网全年共计发布检验检测认证各类各级招聘岗位66万余个。编委会按岗位类别分为：客服服务类（检测咨询客服、实验室客服等服务岗位）、销售类(仪器销售、医疗器械销售等)、技术类（仪器分析与维修、研发工程师等）、管理类（实验室主任、质量管理经理等）、操作类（分析检测、采样人员、样品前处理人员等）五大类，全国全网岗位发布数据如图4-2所示，其中操作类岗位发布最多，达到18.3万余个。

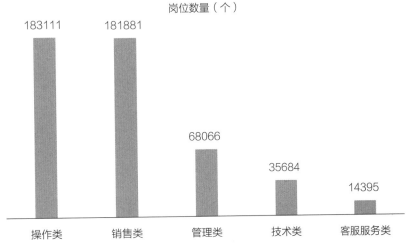

图4-2 2021年全国检验检测认证行业各类岗位发布数量分布

（数据来源：中国检验检测认证就业大数据平台，编委会整理。）

值得注意的是，近年来新冠肺炎疫情对全球社会产生了重大影响，线上线下一体化发展已经渐成趋势。近年来出现了直播带货、远程办公、远程协作这样的新模式。检验检测认证行业涌现出了诸多新岗位群，如主播、互联网运营、法律合规、可持续发展（ESG）、智能化运维与技术等岗位。

三、高校应届毕业生就业形式多元化，慢就业趋势明显

受新冠肺炎疫情影响，我国经济增速明显放缓，对我国高校毕业生就业市场也造成了冲击。2020届应届毕业生就业市场景气程度相较往年有所削弱，结构性矛盾仍旧是当前大学生就业市场的突出特征。2020年的就业紧张形势影响了应届毕业生的就业预期，毕业生期望的行业、岗位、工作地点、薪酬数量均发生了较大的变化。"新经济、数字经济"行业受到毕业生青睐，薪酬福利、职业发展、工作生活平衡仍旧是大学生求职关注排名前三的重要因素。受新冠肺炎疫情影响，招聘主也调整了选聘的方式，"云招聘"已成为新冠肺炎疫情期间主流的方式。

从2021年的数据来看，应届毕业生选择继续升学（专升本、考研）、自主创业的比例在扩大，就业形势更加多样化。根据麦可思研究院发布的《2022年中国高职生就业报告》数据显示，2021届高职毕业生升学深造比例与2017年相比上升了13.9个百分点，受雇工作比例与2017年相比下降了18.4个百分点（表4-1）。

值得注意的是，近年来大学生"慢就业"现象日益突出。一部分大学生在没有合适的职业选择情况下，选择自由职业（2020届高职毕业生中的占比为3.6%）或"慢就业"（不就业）的学生越来越多。随着经济社会的发展，新

表4-1　2017—2021届高职院校学生毕业半年后去向分布

毕业去向	2017届	2018届	2019届	2020届	2021届	五年变化（百分点）
受雇工作	82.8%	82.0%	80.3%	68.4%	64.4%	↓18.4
自由职业	—	—	—	3.6%	2.8%	—
自主创业	3.8%	3.6%	3.4%	2.8%	3.1%	↓0.7
入伍	0.5%	0.6%	0.6%	0.8%	1.0%	↑0.5
升学深造	5.4%	6.3%	7.6%	15.3%	19.3%	↑13.9
待就业	7.5%	7.5%	8.1%	9.1%	9.4%	↑1.9

数据来源：麦可思研究院，2022年中国高职生就业报告，编委会整理。

生代大学生就业观念发生了很大改变，"毕业即就业"的观念已不再限制和束缚他们。工作的意义已不再仅仅是"养家糊口""生存需要"，而是生命价值实现、更有意义、兴趣与热爱等方面的综合选择。部分学生家庭条件较为优渥，家长和学生对工作期望较高，也在一定程度上助推了"慢就业"现象的发展。

根据中国人民大学中国就业研究所与智联招聘联合发布的《2021大学生就业力报告》显示，从就业意愿来看，"求稳"心态更重，更多毕业生期望进入国有企业、事业单位、国家机关等稳定单位（图4-3）。

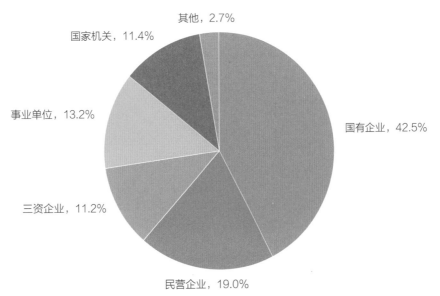

图4-3　2021年应届毕业生就业期望单位类型分布

（数据来源：2021大学生就业力报告，中国人民大学中国就业研究所。）

四、高端岗位人才稀缺，岗位需求两极分化

从"中国检验检测认证就业大数据平台"监测的招聘数据来看，检验检测认证就业市场岗位呈现明显的两极分化现象。高端职位（经理级及总监级以上，包括销售经理、分公司经理、业务总监、营销总监）的平均月薪酬均在2万元以上，招聘周期为3～6个月，高端人才明显稀缺。基础技术岗位（检测工程师、采样员、内审员、实习岗等）、服务岗位（客服、营销、助理类）发布量较去年增加约17万，岗位供给较为充足。今年新兴的医学检验、基因检测等热门检测岗位薪酬均高于行业平均薪酬，岗位发布的数量较去年明显增多。

第五章

2021 年全国检验检测认证就业市场大数据分析

编委会通过对宏观数据及国内各大公开招聘网络平台进行大数据的监测和分析，使用"中国检验检测认证就业大数据平台"进行大数据挖掘，再通过专家组及编写团队的分析整理，形成了本部分的分析报告。编委会以期通过数据洞察，从多个维度和层次展现2021年度我国检验检测认证就业市场的全貌（注：如无特殊说明，以下薪酬均表示月薪，薪酬数据采集截止日期为2021年12月30日）。

一、全国检验检测认证行业岗位需求情况分析

按照国家市场监督管理总局公布的第三方检验检测市场统计数据，2021年我国第三方检验检测行业从业人员保持了平均约10%的复合增长，2021年新增就业岗位约10万个。按照国家统计局发布的统计数据显示，2021年我国规模以上工业企业（年主营业务收入2000万元以上的工业企业）为38.3万户，规模以上工业企业中开展研究与试验发展活动企业有129198户，如户均发布2个检验检测分析类岗位测算，2021年约新增76万个岗位需求。高等学校研究与试验发展机构18379个，按照每个机构发布2~3个检验检测分析类岗位测算，2021年新增约3万~5万个相关岗位。按照以上不完全口径测算，2021年我国检验检测分析类人才岗位需求新增约为89万~91万个（表5-1）。

表5-1 2021年我国检验检测认证行业年度岗位数量估算表

行业性质	行业机构数量（万家）	新增岗位需求（万个）
第三方检验检测行业	5.2	10
规模以上工业企业	38.3	76
高等院校与试验发展机构	1.8	3~5
合计	45.3	89~91

数据来源：国家市场监督管理总局、国家统计局，编委会整理。

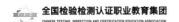
二、职能层薪酬与岗位发布量分析

（一）全国检验检测认证行业整体薪酬概览

1. 全国检验检测认证岗位群不同工作经验条件下平均薪酬

编委会通过"中国检验检测认证就业大数据平台"对各大公开互联网招聘网站的数据进行监测和分析，近一年内，检验检测类岗位的总平均薪酬为8969元/月，应届毕业生平均薪酬为6192元/月（样本量66万余条，见图5-1）。

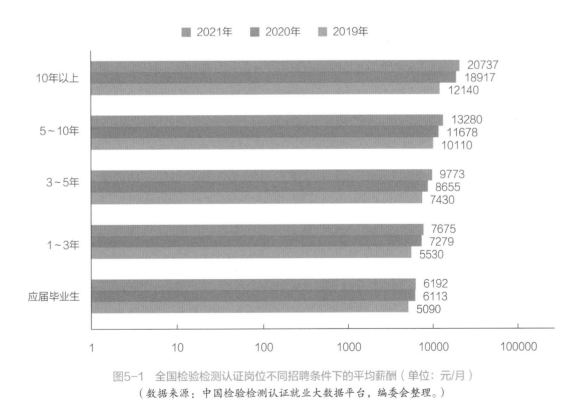

图5-1　全国检验检测认证岗位不同招聘条件下的平均薪酬（单位：元/月）
（数据来源：中国检验检测认证就业大数据平台，编委会整理。）

值得关注的是，受新冠肺炎疫情和外部经济环境的影响，检验检测认证行业平均薪酬增长乏力，2021年应届生招聘发布的平均薪酬仅增长约1.3%。

2. 全国检验检测认证各类岗位群平均薪酬及分布

编委会对已获得的薪酬数据（区间）按照不同岗位领域进行归集，并测算其岗位领域平均薪酬，客服服务类、销售类、技术类、管理类、操作类五类岗位领域具体平均薪酬如图5-2所示。

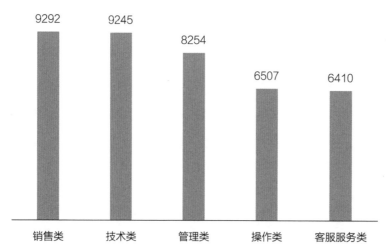

图5-2　全国检验检测认证各类岗位群平均月薪（单位：元）
（数据来源：中国检验检测认证就业大数据平台，编委会整理。）

样本量中薪酬区间分布为：4000～8000元/月中间段位薪酬区间占比为49.3%，15000元/月以上高端职位占比为5.3%（图5-3）。

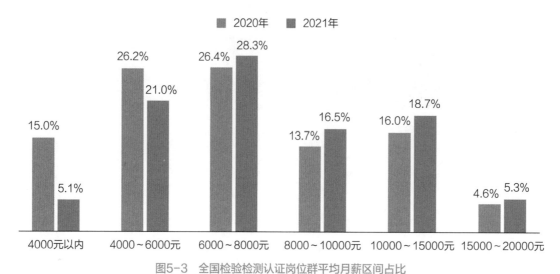

图5-3　全国检验检测认证岗位群平均月薪区间占比
（数据来源：中国检验检测认证就业大数据平台，编委会整理。）

3. 全国检验检测认证各类岗位群招聘条件分布

从招聘条件来看，1~3年工作经验要求的占比最高，达41.48%（图5-4）。从学历要求来看，大专学历要求依然占比最高，达49.5%（图5-5）。

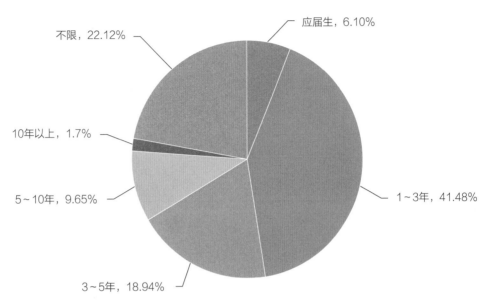

图5-4　全国检验检测人员招聘工作经验要求

（数据来源：中国检验检测认证就业大数据平台，编委会整理。）

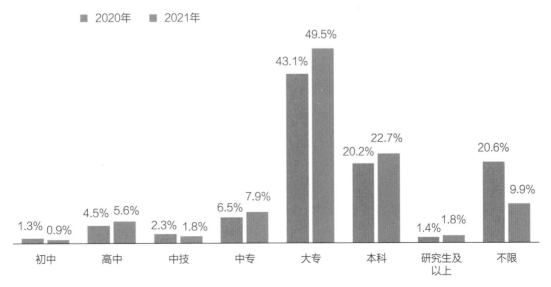

图5-5　全国检验检测认证岗位招聘学历要求分布占比

（数据来源：中国检验检测认证就业大数据平台，编委会整理。）

（二）全国主要经济区薪酬与行业岗位发布量分析

1. 主要经济区发布岗位及薪酬情况

编委会按照长三角地区、京津冀地区、珠三角地区的重点城市群进行数据归集，分类汇总了有效数据中的招聘岗位，所属区域中检验检测认证岗位发布最多的是长三角地区，共218770个，占总岗位数的33.0%，京津冀地区的平均薪酬为10038元/月，位居第一（图5-6）。

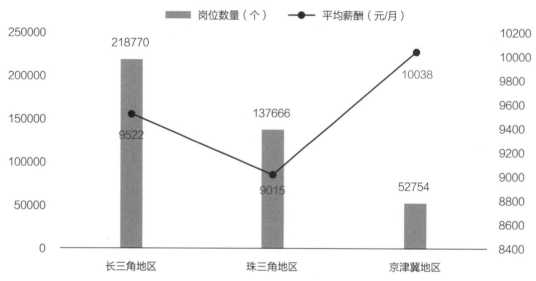

图5-6　全国主要经济区检验检测认证类岗位发布量及平均薪酬
（数据来源：中国检验检测认证就业大数据平台，编委会整理。）

2. 各层级岗位发布及薪酬情况

在所发布的岗位数据中，按照岗位所在的职能层级进行划分，其中初级岗位约为314147个，占发布岗位总量的47.1%，平均薪酬为7443元/月；高级岗位约为50227个，约占总数量的7.5%，平均薪酬为14299元/月（图5-7）。

注：部分岗位并未明显标注初、中、高的等级，我们按照岗位中给出的诸如主管、经理等关键词，结合薪酬范围综合定义职位等级。

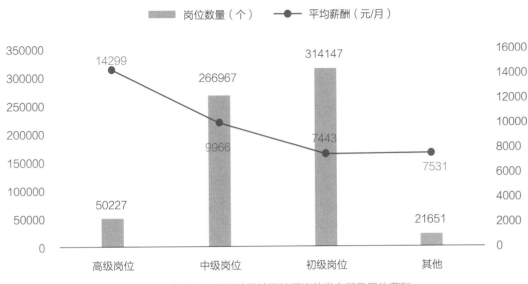

图5-7 全国不同层级检验检测认证岗位发布量及平均薪酬

（数据来源：中国检验检测认证就业大数据平台，编委会整理。）

3. 全国主要区域检验检测认证岗位发布数量

在所发布的岗位数据中，编委会按照西南、西北、华北等区域来分析，其中华东地区以发布273139个岗位（占比41.83%）位居第一，华南地区以165848个岗位（占比25.40%）位居第二（图5-8）。此数据与国家市场监督管理总局发布的我国第三方检验检测机构数据及国家统计局发布的各省份

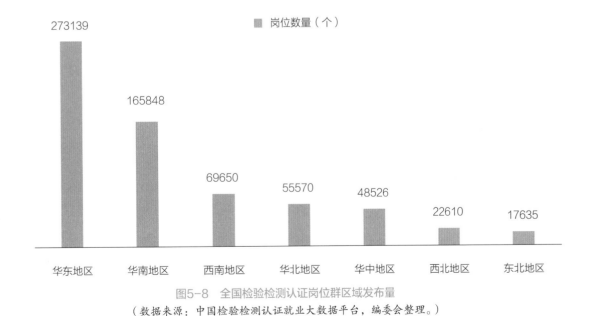

图5-8 全国检验检测认证岗位群区域发布量

（数据来源：中国检验检测认证就业大数据平台，编委会整理。）

GDP数据呈现了高度的一致性。上海、山东、江苏等华东省区聚集了全国近50%的检验检测机构，该地区也贡献了超过40%的GDP。

编委会按照区域划分对检验检测招聘数据进行分析：华北地区平均薪酬最高，薪酬范围的波动值4325元/月（岗位最高薪酬平均值与最低薪酬平均值的差值）（图5-9）。

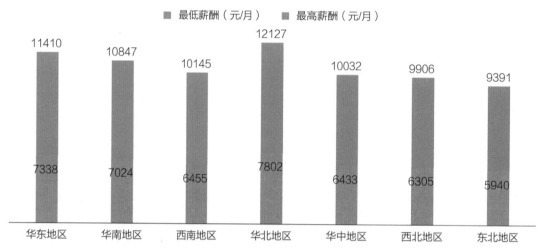

图5-9 全国不同区域检验检测认证岗位群最低及最高平均薪酬
（数据来源：中国检验检测认证就业大数据平台，编委会整理。）

在检验检测认证行业平均薪酬Top 10的城市中，北京以11024元的平均月薪跃居首位，第二位的上海为10591元，武汉以7913元的月薪居第10位（图5-10）。

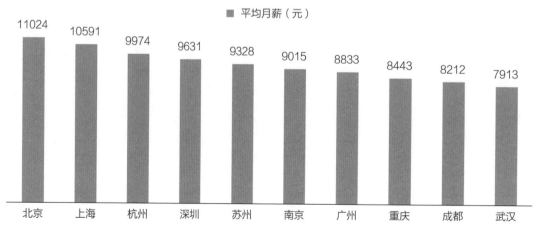

图5-10 全国检验检测认证岗位群平均月薪Top10城市排行
（数据来源：中国检验检测认证就业大数据平台，编委会整理。）

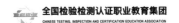

编委会按照招聘单位发布的工作区域（城市）进行分析，上海以62314个岗位位居第一。Top10的城市在2021年中共计发布检验检测认证类新岗位312646个（图5-11），占发布总数量（全年为66万余条）的47.2%。

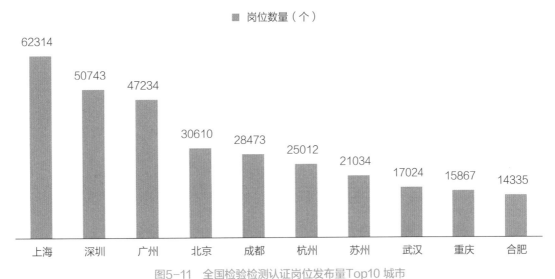

图5-11　全国检验检测认证岗位发布量Top10 城市

（数据来源：中国检验检测认证就业大数据平台，编委会整理。）

4. 全国检验检测认证岗位群发布单位性质分析

编委会按照招聘单位的性质对招聘信息进行分析，其中私有企业发布的岗位数量为394935个（图5-12），占比为60.48%，私营企业仍旧是吸纳行业就业岗位的主力军。

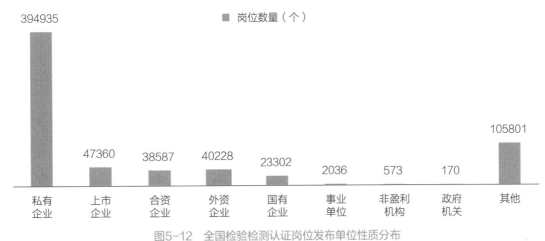

图5-12　全国检验检测认证岗位发布单位性质分布

（数据来源：中国检验检测认证就业大数据平台，编委会整理。）

（三）细分领域薪酬与岗位发布量

本部分数据源于中国检验检测认证就业大数据平台从全国各大公开招聘网站监测分析，因不同平台及区域对同一岗位的名称定义不同，编委会对数据样本进行了处理和区分。数据采集截止日期为2021年12月30日。

1. 食品检测领域

食品检测的内容包括对食品的感官检测，食品中营养成分、添加剂、有害物质的检测等。

（1）食品检测岗位薪酬情况

通过对采集到的5.7万余份样本进行分析，可知2021年全国食品检测员平均薪酬为7246元/月（2020年为6460元/月），薪酬4000元/月以下的岗位占总岗位的9.2%，薪酬15000~20000元/月的岗位占总岗位的2.9%（图5-13）。

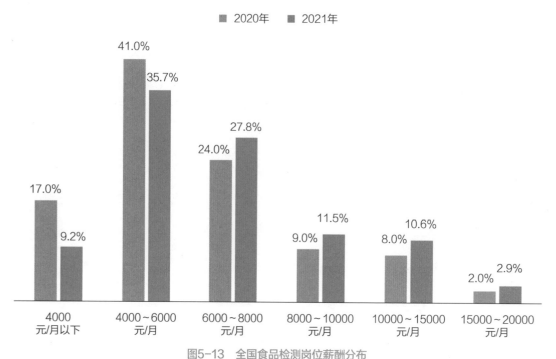

图5-13 全国食品检测岗位薪酬分布

（数据来源：中国检验检测认证就业大数据平台，编委会整理。）

（2）食品检测岗位招聘条件

1~3年工作经验要求的岗位需求最多，达到23546个，10年以上工作经验的平均薪酬最高，为20152元/月（图5-14）；大专学历要求的岗位占比最多，达53.2%（图5-15）。

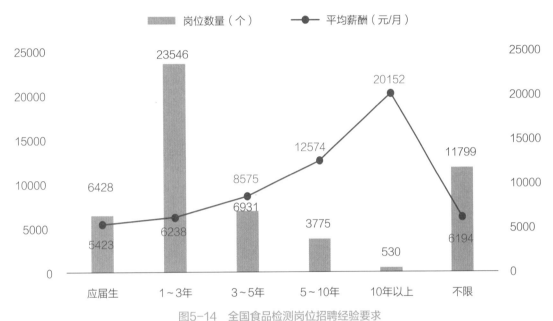

图5-14　全国食品检测岗位招聘经验要求

（数据来源：中国检验检测认证就业大数据平台，编委会整理。）

图5-15　全国食品检测岗位招聘学历要求

（数据来源：中国检验检测认证就业大数据平台，编委会整理。）

（3）食品检测岗位招聘需求量地区排名

上海以8665个岗位发布量居全国首位，平均薪酬则以北京的9210元/月（2020年北京以9124元/月居首）为最高（图5-16）。

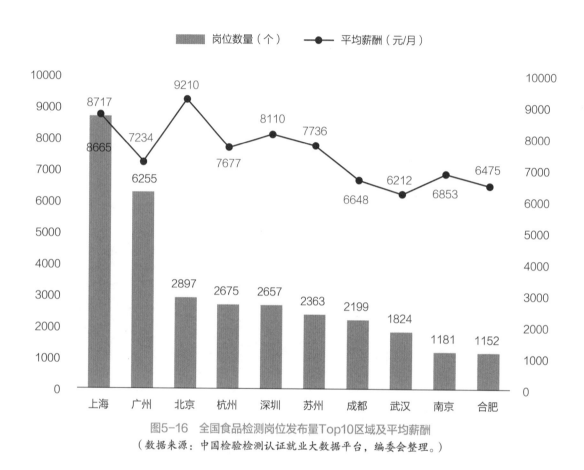

图5-16 全国食品检测岗位发布量Top10区域及平均薪酬
（数据来源：中国检验检测认证就业大数据平台，编委会整理。）

2. 药品检测领域

药品检测涵盖的项目众多，有药品质量检测、药品成分检测、药品重金属检测、药品不良反应检测、药品密封性检测、生物药品检测、药品外观检测、药品常规检测、药品理化检测、药品安全检测和药品缺陷检测等。

（1）药品检测岗位的薪酬情况

通过对采集到的12.7万余份样本进行分析，可知2021年全国药品检测员平均薪酬为9193元/月（2020年为6389元/月），薪酬4000元/月以下的岗位占总岗位的6.0%，薪酬15000~20000元/月的岗位占总岗位的6.0%（图5-17）。

图5-17 全国药品检测岗位薪酬分布

（数据来源：中国检验检测认证就业大数据平台，编委会整理。）

（2）药品检测岗位招聘条件

1~3年工作经验要求的岗位需求最多，为50763个，10年以上工作经验的平均薪酬最高，为23230元/月（2020年为21658元/月，见图5-18）；招聘机构对大专和本科以上学历要求最多，其中大专占49.5%，本科及以上占38.4%（图5-19）。

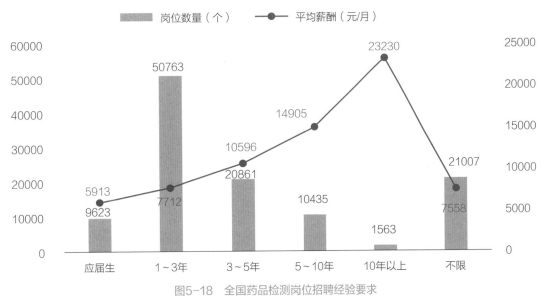

图5-18 全国药品检测岗位招聘经验要求

（数据来源：中国检验检测认证就业大数据平台，编委会整理。）

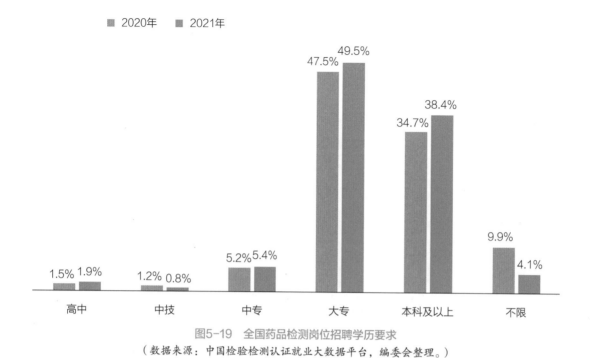

图5-19 全国药品检测岗位招聘学历要求

（数据来源：中国检验检测认证就业大数据平台，编委会整理。）

（3）药品检测岗位招聘需求量地区排名

招聘岗位平均薪酬以北京的11198元/月（2020年北京以9828元/月居首位）为最高，上海以17349个岗位发布量位居全国首位（图5-20）。

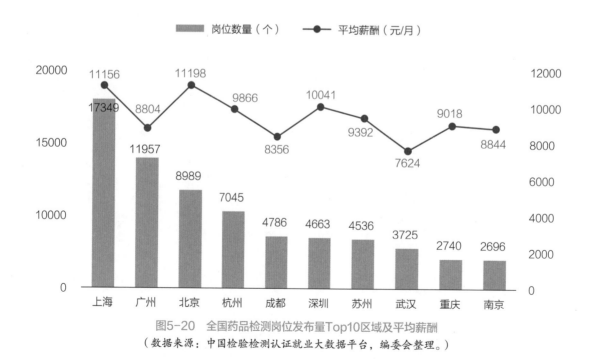

图5-20 全国药品检测岗位发布量Top10区域及平均薪酬

（数据来源：中国检验检测认证就业大数据平台，编委会整理。）

3. 医学检测领域

医学检测是对取自人体的材料进行微生物学、免疫学、生物化学、遗传学、血液学、生物物理学、细胞学等方面的检验分析，包括基因检测、新冠病毒检测等新兴热门医学检测领域。

（1）医学检测岗位的薪酬情况

通过对采集到的14万余份样本进行分析，可知2021年全国医学检测岗位平均薪酬为9244元/月（2020年为8110元/月），薪酬4000元/月以下的岗位占总岗位的4.8%，薪酬15000~20000元/月的岗位占总岗位的6.1%（图5-21）。

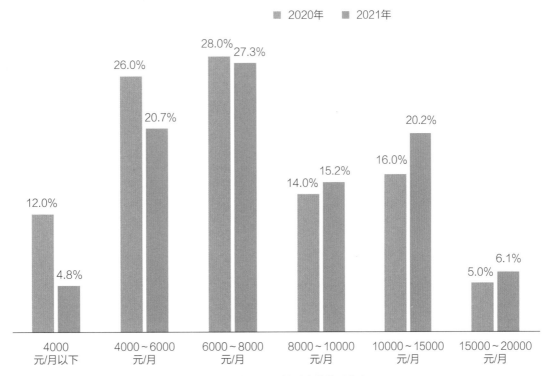

图5-21　全国医学检测岗位薪酬分布

（数据来源：中国检验检测认证就业大数据平台，编委会整理。）

（2）医学检测岗位招聘条件

1~3年工作经验要求的岗位需求最多，为56564个，10年以上工作经验的平均薪酬最高，为22480元/月（2020年为20378元/月，见图5-22）；大专学历要求的岗位占比最多，达54.1%（图5-23）。

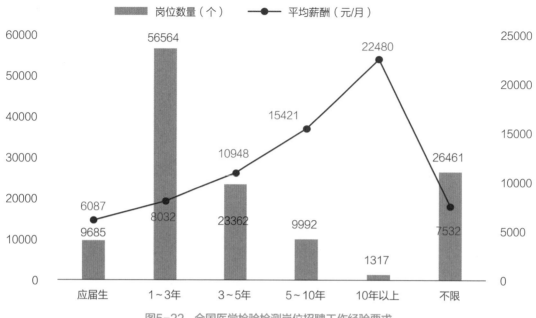

图5-22　全国医学检验检测岗位招聘工作经验要求

（数据来源：中国检验检测认证就业大数据平台，编委会整理。）

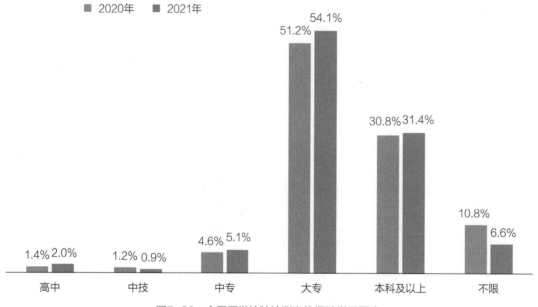

图5-23　全国医学检验检测岗位招聘学历要求

（数据来源：中国检验检测认证就业大数据平台，编委会整理。）

（3）医学检测岗位招聘需求量地区排名

2021年上海以平均薪酬11056元/月（2020年北京以10845元/月居首位）位居全国首位，同时也以16895个岗位发布量位居全国首位（图5-24）。

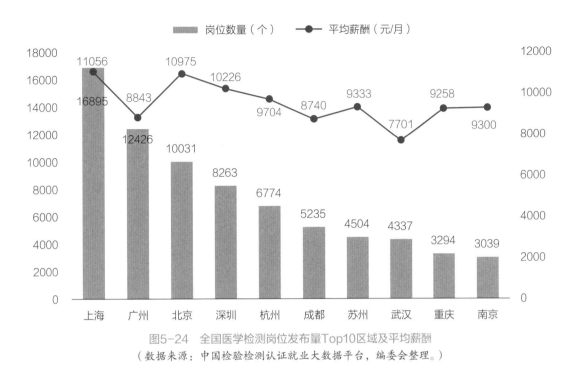

图5-24 全国医学检测岗位发布量Top10区域及平均薪酬
（数据来源：中国检验检测认证就业大数据平台，编委会整理。）

4. 环境检测领域

环境检测是利用环境检测的软硬件设备对环境中空气、土壤、水、固体废弃物、声光辐射等进行卫生、理化和微生物等多方面的指标进行检测分析，以满足相应的标准和要求。环境检测的对象主要包含水质检测、气体检测、环境噪声检测、废弃物污染检测、土壤污染检测等。

（1）环境检测岗位的薪酬情况

通过对采集到的7万余份样本进行分析，可知2021年全国环境检测岗位平均薪酬为7249元/月（2020年为6755元/月），薪酬4000元/月以下的岗位占总岗位的5.9%，薪酬15000～20000元/月的岗位占总岗位的3.7%（图5-25）。

（2）环境检测岗位招聘条件

1～3年工作经验要求的岗位需求最多，为25401个，10年以上工作经验的平均薪酬最高，为19969元/月（2020年为17656元/月，见图5-26）；大专学历要求的岗位占比最多，达46.0%（图5-27）。

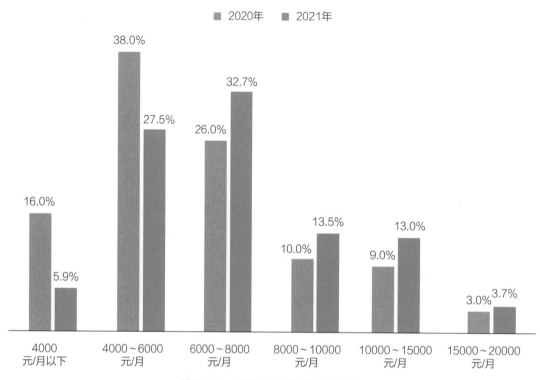

图5-25 全国环境检测岗位薪酬分布

（数据来源：中国检验检测认证就业大数据平台，编委会整理。）

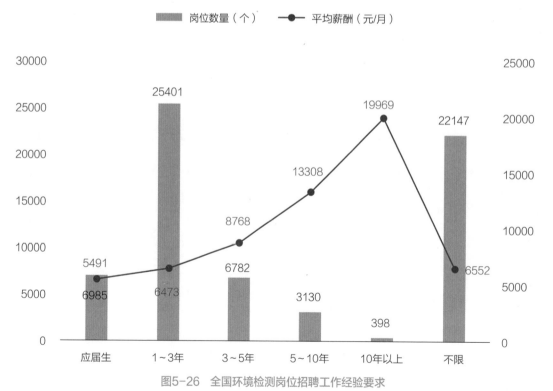

图5-26 全国环境检测岗位招聘工作经验要求

（数据来源：中国检验检测认证就业大数据平台，编委会整理。）

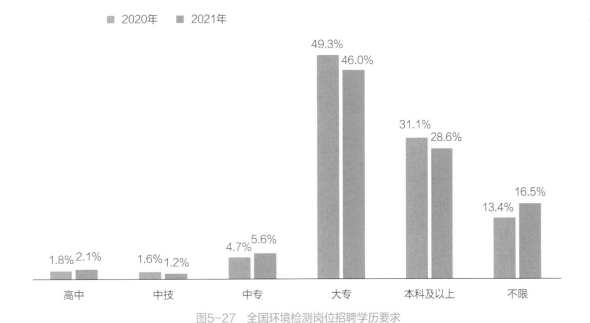

图5-27　全国环境检测岗位招聘学历要求

（数据来源：中国检验检测认证就业大数据平台，编委会整理。）

（3）环境检测岗位招聘需求量地区排名

2021年上海以平均薪酬8961元/月位居全国首位（2020年北京以9082元/月居首位），同时也以岗位发布量9565个位居全国首位（图5-28）。

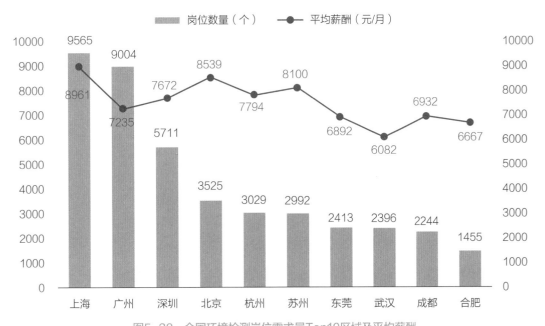

图5-28　全国环境检测岗位需求量Top10区域及平均薪酬

（数据来源：中国检验检测认证就业大数据平台，编委会整理。）

5. 质量管理与认证领域

质量管理认证岗位主要涵盖了质量管理体系咨询、建立、运营、认证审核等工作，负责质量监督与管理及质量控制与改进。

（1）质量管理认证岗位的薪酬情况

通过对采集到的25万余份样本进行分析，可知2021年全国质量管理认证岗位平均薪酬为9500元/月（2020年为8724元/月），薪酬4000元/月以下的岗位占总岗位的4.6%，薪酬15000～20000元/月的岗位占总岗位的6.5%（图5-29）。

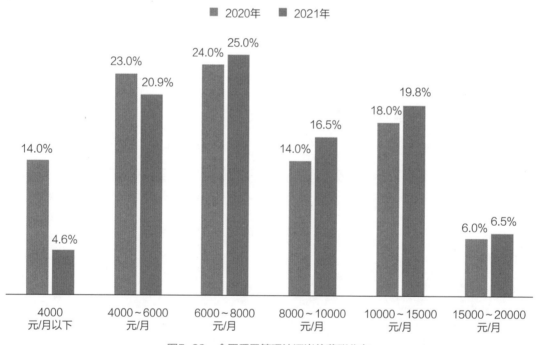

图5-29　全国质量管理认证岗位薪酬分布
（数据来源：中国检验检测认证就业大数据平台，编委会整理。）

（2）质量管理认证岗位招聘条件

1～3年工作经验要求的岗位需求最多，为75189个，10年以上工作经验的平均薪酬最高，为20599元（2020年为19644元/月，见图5-30）；大专学历要求的岗位占比最多，达47.9%（图5-31）。

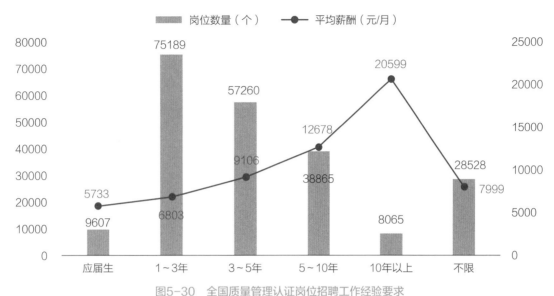

图5-30　全国质量管理认证岗位招聘工作经验要求

（数据来源：中国检验检测认证就业大数据平台，编委会整理。）

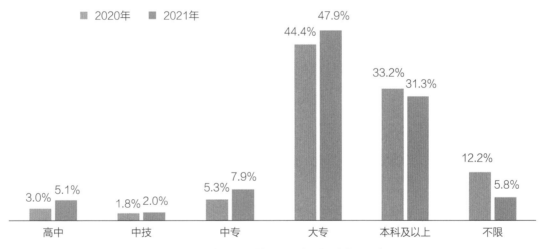

图5-31　全国质量管理认证岗位招聘学历要求

（数据来源：中国检验检测认证就业大数据平台，编委会整理。）

（3）质量管理认证岗位招聘需求量地区排名

2021年北京以平均薪酬12072元/月位居全国首位，（2020年苏州以10824元/月居首位），上海以岗位发布量27016个位居全国首位（图5-32）。

6. 机械产品检测领域

机械产品检测是对机械产品性能、检验计量器具检定调修，对零件机械加工与质量控制。

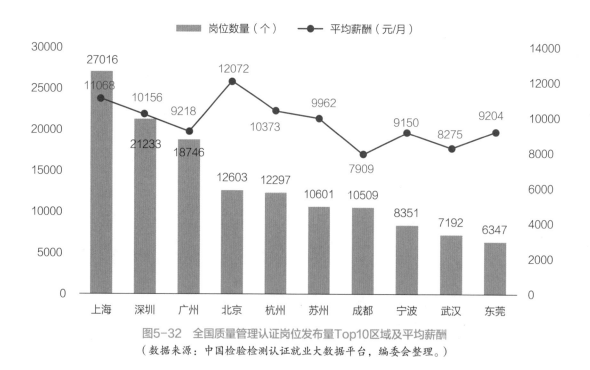

图5-32　全国质量管理认证岗位发布量Top10区域及平均薪酬

（数据来源：中国检验检测认证就业大数据平台，编委会整理。）

（1）机械产品检测岗位的薪酬情况

通过对采集到的1.7万余份样本进行分析，可知2021年全国机械产品检测岗位平均薪酬为6935元/月，薪酬4000元/月以下的岗位占总岗位的6.8%，薪酬15000~20000元/月的岗位占总岗位的2.0%（图5-33）。

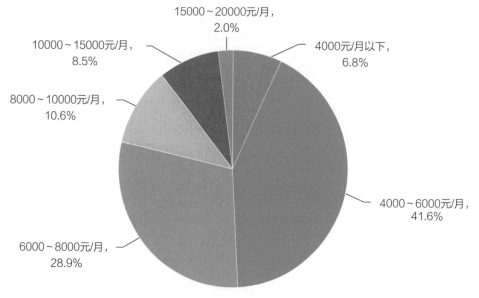

图5-33　全国机械产品检测岗位薪酬分布

（数据来源：中国检验检测认证就业大数据平台，编委会整理。）

（2）机械产品检测岗位招聘条件

1~3年工作经验要求的岗位需求最多，为8168个，10年以上工作经验的平均薪酬最高，为16699元/月（图5-34）；中专和大专学历要求的岗位占比最多，其中中专占21.5%，大专占35.0%（图5-35）。

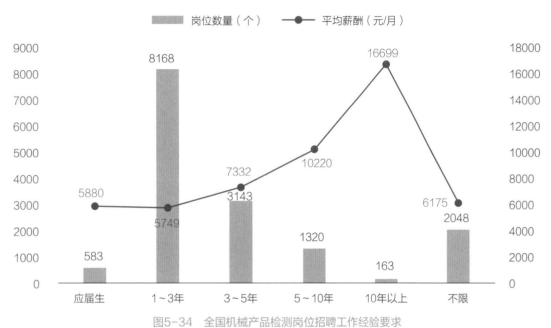

图5-34　全国机械产品检测岗位招聘工作经验要求

（数据来源：中国检验检测认证就业大数据平台，编委会整理。）

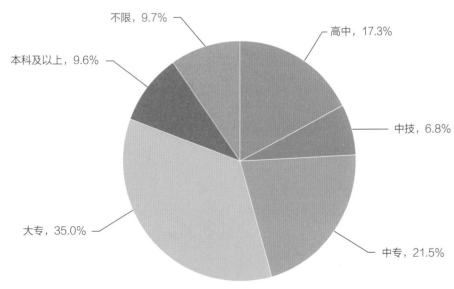

图5-35　全国机械产品检测岗位招聘学历要求

（数据来源：中国检验检测认证就业大数据平台，编委会整理。）

（3）机械产品检测岗位招聘需求量地区排名

2021年上海以平均薪酬7709元/月位居全国首位，深圳以岗位发布量2041个位居首位（图5-36）。

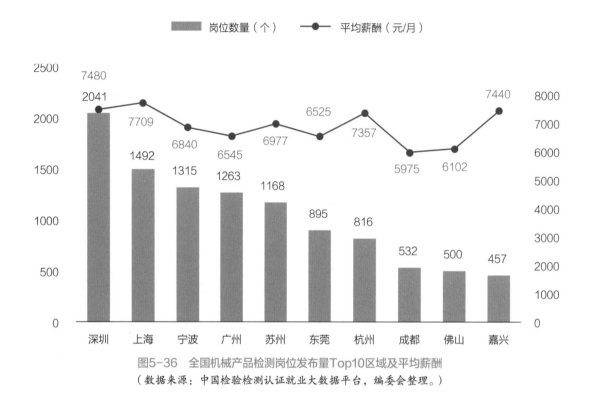

图5-36 全国机械产品检测岗位发布量Top10区域及平均薪酬
（数据来源：中国检验检测认证就业大数据平台，编委会整理。）

7. 无损检测领域

无损检测指在不破坏产品的形状、结构和性能的情况下，为了解产品及各种结构物材料的质量、状态、性能及内部结构所进行的各种检测。

无损检测的对象主要包括金属材料、非金属材料、复合材料及其制品以及一些电子元器件的检测等。

（1）无损检测岗位的薪酬情况

通过对采集到的0.6万余份样本进行分析，可知2021年全国无损检测岗位平均薪酬为7650元/月，薪酬4000元/月以下的岗位占总岗位的5.7%，薪酬15000~20000元/月的岗位占总岗位的2.9%（图5-37）。

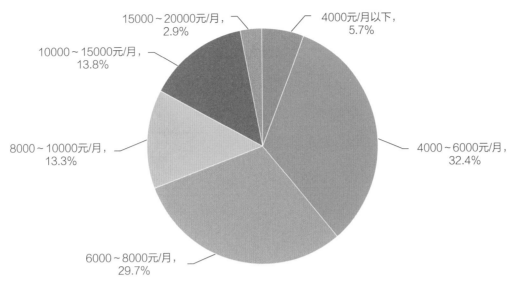

图5-37　全国无损检测岗位薪酬分布

（数据来源：中国检验检测认证就业大数据平台，编委会整理。）

（2）无损检测岗位招聘条件

3～5年工作经验要求的岗位需求最多，为2643个，不限工作经验的平均薪酬最高，为15825元/月（图5-38）；大专学历要求的岗位占比最多，达46.5%（图5-39）。

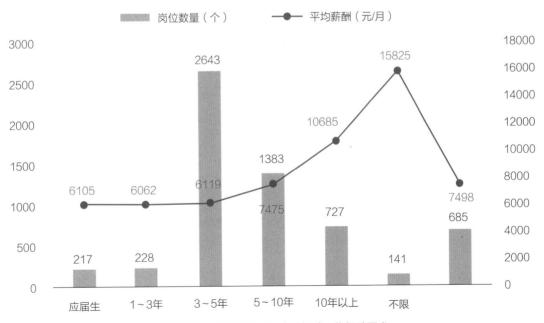

图5-38　全国无损检测岗位招聘工作经验要求

（数据来源：中国检验检测认证就业大数据平台，编委会整理。）

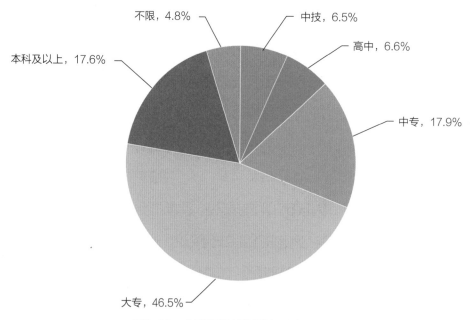

图5-39　全国无损检测岗位招聘学历要求

（数据来源：中国检验检测认证就业大数据平台，编委会整理。）

（3）无损检测岗位招聘需求量地区排名

2021年北京以平均薪酬9244元/月位居全国首位，上海以岗位发布量885个位居全国首位（图5-40）。

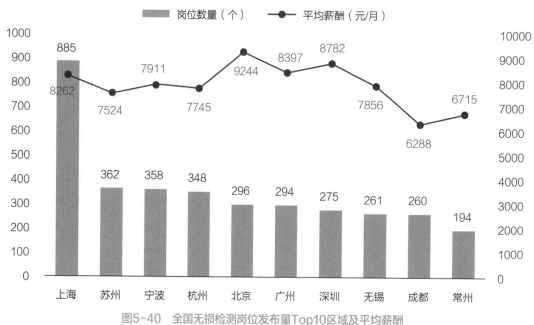

图5-40　全国无损检测岗位发布量Top10区域及平均薪酬

（数据来源：中国检验检测认证就业大数据平台，编委会整理。）

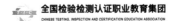

三、检验检测岗位通用能力要求

　　编委会参考美国劳工部就业技能委员会（Secretary's Commission on Achieving Necessary Skills，SCANS委员会）对于新入职场人员的技能标准体系，把职场胜任能力划分理解交流能力、科学思维能力、管理能力、应用分析、动手能力5个领域。我们根据已发布的岗位职责、岗位要求描述内容进行大数据筛选，在检验检测认证行业的岗位群Top 10的岗位通用能力要求匹配数据中"质量控制分析能力"位居第一，约有22.7万个检验检测认证岗位要求具备此项能力（图5-41）。

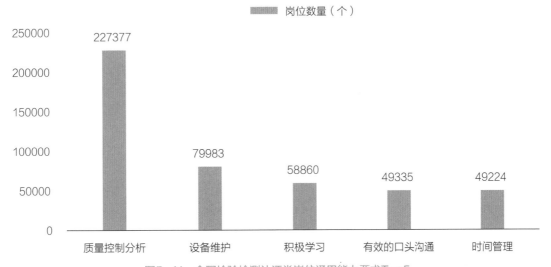

图5-41　全国检验检测认证类岗位通用能力要求Top5

（数据来源：中国检验检测认证就业大数据平台，编委会整理。）

第六章

全国检验检测认证就业市场展望

一、招聘门槛明显提高，供求双方预期差异扩大

由于检验检测认证行业将面临更为复杂和激烈的竞争环境，外部的不确定性使得检验检测认证机构在人才选聘上更为慎重，企业不约而同地提高了招聘的门槛。在学历层次方面，"大专及以上学历"要求占比2021年比2020年提高了6.4个百分点，"本科及以上"学历要求占比提高了2.5个百分点，"研究生及以上"学历要求占比提高了0.4个百分点。除了学历要求提高以外，企业更加看重"吃苦耐劳""善于沟通""善于学习""适应变化""认可企业文化"等方面的综合表现，这也无形中抬高了招聘的门槛。

职教集团通过开展"检验检测认证行业第一课"及行业公益招聘活动，有机会了解到更多应届大学生与人力资源专员的真实想法。应届毕业生更多关注薪酬、职业环境、发展前景等核心因素，受舆论影响，普遍对薪酬期望较高，对职业工作环境也颇为期待。由于我国检验检测认证机构较为分散（中小机构占比超过96%），市场竞争激烈，普遍缺乏对新入职员工的系统化培训和成长支持，薪酬在行业中也处于中等偏下的水平，无法与互联网、金融等传统高薪行业相媲美，这与应届生的期望相差较远。另外，行业机构对应届生的实际能力并不满意，觉得他们离实际岗位工作能力差距较大，还需要经过系统的培训和学习方能上岗，在应届生起薪方面不会给予更大的空间。从调研情况来看，供求双方预期差异正在扩大。

二、综合型人才更受行业青睐

检验检测与标准、认证认可等其他质量基础服务互相关联，密不可分，检验检测认证机构在人才选聘和培养过程中，必然会涉及ISO 17025检测和校准实验室能力的通用要求、ISO 9000质量管理体系系列标准、ISO 22000食品安全管理体系等标准和管理要求，因此对于检验检测认证专业技术人员来说，机构更加关注应届生的综合素质，如对标准的应用、测试与研发能力、英文的读写能力、团队协作等。

在2021年职教集团组织的云招聘活动中，机构人力资源专员在面试的环节除了考察常规的检验检测认证专业技能外，还对社会活动经历、科研经历、企业实习实训等环节进行了重点考察。人力资源专员坦言，机构更加看重应届生的软实力和发展潜力，而不仅仅局限于专业能力。

三、新兴领域检验检测认证人才需求增加

我们观察到，有以下几个新兴领域对检验检测认证人才的需求呈现更大的增长趋势。

1. 医学检验

2021年以来，我国正在加强以县为单位建设快速公共卫生安全防疫体系，建立常态化的核酸检测筛查能力及人员队伍储备，公共卫生领域医学检验人

才需求将迎来爆发式增长。2022年5月13日，国家卫健委医政医管局监察专员郭燕红在国务院联防联控机制新闻发布会上表示：截至目前，全国有1.3万家医疗卫生机构（包括传统的固定实验室，方舱、气膜和检测车等移动检测实验室）可以开展核酸检测，有15.3万专业技术人员从事核酸检测的技术工作，每日核酸检测的能力达到单管每日5700万管，大城市已基本建成"15分钟核酸检测采样圈"。预计未来2～3年内核酸检测人才需求将超过百万人。

2. 新能源汽车检测

根据国家统计局发布的2021年国民经济和社会发展统计公报显示，全年新能源汽车产量367.7万辆，比上年增长152.5％，中国已经成为全球最大的新能源汽车产销国家。新能源汽车的研发设计、生产制造、售后服务等产业链企业对人才的需求将迎来新一轮的增长，尤其需要熟悉整车性能、了解标准，熟悉新能源汽车结构、运行原理，熟悉整车的生产、制造和测试等过程的复合型"检测工程师"。但目前我国新能源汽车人才不足20万人，2022年人才需求将达近百万人。

3. "双碳"领域专业技术人才需求增长迅速

2030年前实现"碳达峰"、2060年前实现"碳中和"是我国发展绿色经济的标志性目标。随着"双碳"国家战略的进一步推动落实，我国新能源产业、风光电企业以及传统产业将迎来新一轮的技术革命升级，节能减排、低碳零碳、增加碳吸收等综合技术将被广泛应用于各个行业，双碳领域的标准化、计量、认证认可、检测等新型综合质量服务人才需求将迎来新一轮的增长。根据前程无忧的研究报告显示，"十四五"期间我国需要的"双碳"人才在55万～100万名。

中共中央、国务院2021年印发了《关于完整准确全面贯彻新发展理念做好碳达峰碳中和工作的意见》，为未来做好"碳达峰""碳中和"工作给出了清晰思路。教育部2021年印发的《高等学校碳中和科技创新行动计划》明确提

出，利用3~5年时间，在高校系统布局建设一批"碳中和"领域科技创新平台并培养创新人才。因此，未来"双碳"领域的人才培养将迎来新的变化，学科专业建设与创新技术研发等领域也将迎来新机遇。

4. 战略新型产业对质量服务人才需求增长

2021年全球芯片短缺及供应链中断给全球产业界带来了深刻的影响，产业链安全和技术可控成为当下我国经济发展需要重点考虑的风险因素，政府也将重点推进战略新型产业的发展，解决关键领域的"卡脖子"问题。新一代信息化技术（5G通信、量子通信、人工智能、大数据技术等），高端制造（智能机器人、智能制造、新材料等），生物产业（生物医药、生物农业、生物技术等），绿色低碳产业（新能源、环保产业、高效技能产业、生态修复、资源循环利用产业等），数字创意与信创产业（信息技术应用创新产业）等战略性新兴产业将迎来新的发展机遇，专业对口人才缺口进一步扩大。根据北森发布的《2022中国企业校招白皮书》显示，仅大数据领域未来5年人才需求将达2000万。与此同时，服务于战略性新兴产业的质量技术人才（如试验研发、测试、检测、评价、认证等领域）也将迎来新的增长。

四、检验检测认证行业人才流动加快

根据编委会观察，行业人才加速流动的趋势有三个具体方向。

（1）事业单位类型检测机构人才加速流向企业类型检测机构

2021年末企业制的检测机构占全部检测机构的73.24%，比上年增加2.8个百分点，企业机构增加3587家，事业单位的检测人才加速流向企业性质的检测机构。

（2）传统行业人才加速流向检测行业

检验检测认证行业快速发展也带来了新的机遇，媒体运营、资本运营、客服等岗位吸引了从教育（尤其是"双减"以后的互联网教育机构）、制造、互联网等传统领域的人才。

（3）检测机构人员优化速度加快

一般检验检测机构一线检测业务岗位人员年流失率为10%～20%，2021年由于新冠肺炎疫情的影响，传统检测领域的业务萎缩，行业竞争更加剧烈，小微型检测机构生存压力增大，加快了弱小机构的出清速度，人员优化成为当下检测机构降本增效的首要选项。

CTICEA，Chinese Testing Inspection and Certification Education Association，全国检验检测认证职业教育集团

TIC，Testing Inspection and Certification，检验检测认证

SAMR，State Administration of Market Regulation，国家市场监督管理总局

CNCA，Certification and Accreditation Administration of the People's Republic of China，国家认证认可监督管理委员会

CCAA，Chinese Certification and Accreditation Association，中国认证认可协会

WHO，World Health Organization，世界卫生组织

UN，United Nations，联合国

AI，Artificial Intelligence，人工智能

BD，Big Data，大数据

WEF，World Economic Forum，世界经济论坛

BV，Bureau Veritas，法国必维国际检验集团

EBIT，Earnings Before Interest and Tax，息税前利润

EBITDA，Earnings Before Interest, Taxes, Depreciation and Amortization，税息折旧及摊销前利润

图表索引

图1-1　2021年全球检验检测认证市场规模情况 / 3

图1-2　2021年全球检验检测市场占比情况 / 4

图1-3　2021年全球检验检测细分行业占比情况 / 4

图1-4　2014—2021年全球检验检测领域投资并购情况 / 6

图2-1　2016—2021年全国检验检测市场营收规模 / 14

图2-2　2016—2021年我国认证服务业营收情况 / 16

图2-3　2016—2021年我国检验检测机构数量 / 17

图2-4　2016—2021年我国检验检测机构类型占比情况 / 17

图2-5　2016—2021年我国认证机构数量 / 18

图2-6　2016—2021年我国检验检测行业从业人员数量 / 19

图2-7　2021年检验检测认证行业从业人员行业分布情况 / 20

图2-8　2021年检验检测认证行业从业人员区域分布情况 / 20

图2-9　检验检测认证行业从业人员超过5万的地区分布 / 21

图2-10　2016—2021年我国认证行业从业人员数量 / 21

图2-11　2016—2021年我国检验检测机构出具的报告数量 / 22

图2-12　2016—2021年我国认证机构颁发的有效认证证书数量 / 23

图2-13　2016—2021年全国检验检测服务业仪器设备数量及增长情况 / 24

图2-14　2016—2021年全国检验检测上市机构数量（单位：家）/ 27

图2-15　SGS发布的通测链平台模式 / 29

图2-16　SGS发布的远程审核解决方案 / 29

图2-17　2014—2021年我国检验检测行业研发经费投入情况 / 32

图2-18　2021年全国检验检测机构不同学历从业人员分布 / 33

图4-1　2009—2021年我国高校应届毕业生数据 / 44

图4-2　2021年全国检验检测认证行业各类岗位发布数量分布 / 45

图4-3　2021年应届毕业生就业期望单位类型分布 / 47

图5-1　　全国检验检测认证岗位不同招聘条件下的平均薪酬

　　　　　（单位：元/月）/ 51

图5-2　　全国检验检测认证各类岗位群平均月薪（单位：元）/ 52

图5-3　　全国检验检测认证岗位群平均月薪区间占比 / 52

图5-4　　全国检验检测人员招聘工作经验要求 / 53

图5-5　　全国检验检测认证岗位招聘学历要求分布占比 / 53

图5-6　　全国主要经济区检验检测认证类岗位发布量及平均薪酬 / 54

图5-7　　全国不同层级检验检测认证岗位发布量及平均薪酬 / 55

图5-8　　全国检验检测认证岗位群区域发布量 / 55

图5-9　　全国不同区域检验检测认证岗位群最低及最高平均薪酬 / 56

图5-10　全国检验检测认证岗位群平均月薪Top10城市排行 / 56

图5-11　全国检验检测认证岗位发布量Top10 城市 / 57

图5-12　全国检验检测认证岗位发布单位性质分布 / 57

图5-13　全国食品检测岗位薪酬分布 / 58

图5-14　全国食品检测岗位招聘经验要求 / 59

图5-15　全国食品检测岗位招聘学历要求 / 59

图5-16　全国食品检测岗位发布量Top10区域及平均薪酬 / 60

图5-17　全国药品检测岗位薪酬分布 / 61

图5-18　全国药品检测岗位招聘经验要求 / 61

图5-19　全国药品检测岗位招聘学历要求 / 62

图5-20　全国药品检测岗位发布量Top10区域及平均薪酬 / 62

图5-21　全国医学检测岗位薪酬分布 / 63

图5-22　全国医学检验检测岗位招聘工作经验要求 / 64

图5-23　全国医学检验检测岗位招聘学历要求 / 64

图5-24　全国医学检测岗位发布量Top10区域及平均薪酬 / 65

图5-25 全国环境检测岗位薪酬分布 / 66

图5-26 全国环境检测岗位招聘工作经验要求 / 66

图5-27 全国环境检测岗位招聘学历要求 / 67

图5-28 全国环境检测岗位需求量Top10区域及平均薪酬 / 67

图5-29 全国质量管理认证岗位薪酬分布 / 68

图5-30 全国质量管理认证岗位招聘工作经验要求 / 69

图5-31 全国质量管理认证岗位招聘学历要求 / 69

图5-32 全国质量管理认证岗位发布量Top10区域及平均薪酬 / 70

图5-33 全国机械产品检测岗位薪酬分布 / 70

图5-34 全国机械产品检测岗位招聘工作经验要求 / 71

图5-35 全国机械产品检测岗位招聘学历要求 / 71

图5-36 全国机械产品检测岗位发布量Top10区域及平均薪酬 / 72

图5-37 全国无损检测岗位薪酬分布 / 73

图5-38 全国无损检测岗位招聘工作经验要求 / 73

图5-39 全国无损检测岗位招聘学历要求 / 74

图5-40 全国无损检测岗位发布量Top10区域及平均薪酬 / 74

图5-41 全国检验检测认证类岗位通用能力要求Top5 / 75

表1-1　2021年全球Top10检验检测认证机构营收情况一览表　/　3

表1-2　2021年全球Top20 科学仪器公司营收情况一览表　/　5

表2-1　2021年我国检验检测认证行业重大政策文件梳理　/　11

表2-2　2021年Top10国内检验检测上市公司营收及利润表　/　15

表2-3　2021年国内不同领域认证证书发布情况　/　22

表2-4　2018—2021年全国检验检测服务传统领域和新兴领域情况　/　25

表2-5　2020—2021年全国检验检测行业服务高技术制造业情况　/　26

表2-6　2020—2021年全国检验检测行业服务战略性新兴产业情况　/　26

表2-7　2021年我国不同规模检验检测机构数量及营收情况　/　31

表3-1　2021年本科检验检测分析类专业分布　/　36

表3-2　2015—2021年我国高等职业院校发展数据统计表　/　38

表3-3　2021年职业本科层次检验检测分析专业群情况（职业本科）/　38

表3-4　2021年高职院校检验检测分析类专业开设情况（专科）/　39

表3-5　2021年高职院校Top10检验检测分析类专业开设情况（专科）/　41

表4-1　2017—2021届高职院校学生毕业半年后去向分布　/　47

表5-1　2021年我国检验检测认证行业年度岗位数量估算表　/　50

参考文献

1. 2021年度全国检验检测服务业统计报告［R］，国家市场监督管理总局.

2. 2021年度认证服务业统计结果［R］，国认监委.

3. 2021大学生就业力报告［R］，中国人民大学就业研究所.

4. The Future of Jobs Report 2020［R］，WEF，2020.10.

5. Sustainable M&A activity in the TIC market，2021.10，Oaklins.

6. Bureau Veritas 2021 Universal Registration Document，2022.3，BV.

7. SGS 2021 Integrated Report，2022.3，SGS.

8. 2022中国企业校招白皮书［R］，2022.2，北森人才管理研究院.

数据来源

1. 国务院（www.gov.cn）。

2. 国家市场监督管理总局（www.samr.gov.cn）。

3. 中华人民共和国教育部（www.moe.gov.cn）。

4. 国家统计局（www.stats.gov.cn）。

5. 全国职业院校专业设置管理与公共信息服务平台（zyyxzy.moe.edu.cn）。

6. 前瞻产业研究院（bg.qianzhan.com）。

7. 薪酬网（www.xinchou.com）。

8. 前程无忧（www.51job.com）。

9. 职友集（www.jobui.com）。

10. 高校数据查询（gkcx.eol.cn）。

11. 中国教育在线（www.eol.cn）。

12. 国家认证认可监督管理委员会（www.cnca.gov.cn）。

13. 中国合格评定国家认可委员会（www.cnas.org.cn）。

14. 中国认证认可协会（www.ccaa.org.cn）。

致　谢

　　《2021年中国检验检测认证行业就业市场报告》是全国检验检测认证职业教育集团连续第三次发布的检验检测认证全行业就业大数据研究成果，已成为相关专业职业院校、行业与政府机构重要的数据报告。本报告的研究也得到了产业机构、高校以及行业组织的支持，在此一并致谢。

Techcomp 立足中国，成为享誉世界的专业科学仪器公司

天美集团专注从事化学分析仪器、生命科学及实验室常规设备的研发、制造及销售，成立三十年来不断为科研、教育、检测及生产提供完整可靠的实验室解决方案。近十年来天美积极拓展国际市场，在多个国家设立分支机构、先后收购了具有百年历史的法国实验室温控设备Froilabo（法莱宝）公司、有八十年历史专注于实验室精密称量的瑞士Precisa（普利赛斯）公司、有五十年历史并在全球荧光光谱仪具有领先地位的英国Edinburgh Instruments（爱丁堡仪器）公司、德国布鲁克公司Scion赛里安气相、气质以及Tekmar顶空产品线，2021年又进一步控股了英国Isotopx（同位素质谱）公司。

英国爱丁堡研发工程中心

天美上海研发工程中心

天美现代化生产车间

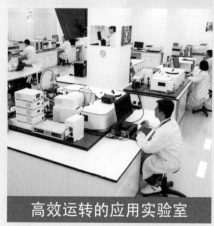
高效运转的应用实验室

专业的售前售后团队

天美上海办公环境

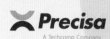

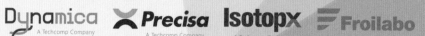

全国免费服务热线：400-810-7898

Techcomp

FL970Plus 荧光分光光度计

- **采用新型高能量氙灯**
  有效拓展低紫外波长的激发需求

- **国内独有的除臭氧设计**
  极大降低室内臭氧浓度，提高使用环境质量

- **超高灵敏度指标**
  实现10min内最大信噪比大于450（P-P）

- **自主开发的光谱校正方案**
  媲美高端进口仪器的校正效果，获得准确可靠的数据

- **波长扫描实时动态色彩指示**

- **优异的光路设计**
  特别适合耦合外接激光器进行上转换光谱的测试，无须光纤引入，减少光损失

- **超大尺寸样品仓及丰富完善的附件**
  具有强大的功能拓展性

- **人性化操作软件**
  提高了人机交互的效率，简化了分析流程

赛里安LC6000 高效液相色谱仪

- **优秀的核心——高精度输液泵**
  · 兼具二元高压和四元低压的优势
  · "泵前合流，泵后混合"技术确保流动相混合效果
  · "准精度梯和量流证保，统系制抑冲脉的"馈反频高，控监时实

- **高灵敏度检测器**
  · 高灵敏度DAD检测器，具备宽波长扫描范围（190~900nm）和高光谱分辨，内置Hg灯自动校准
  · FL检测器先进的光路设计结合小体积流通池和单色器可变狭缝，实现超高灵敏度（水拉曼峰S/N＞3000）

- **智能化、网络化——新时代的仪器管理**
  · 自主知识产权的Compass色谱数据系统（CDS）功能强大，合规易用

瑞士普利赛斯390HA/HE系列电子天平

- 7英寸彩色触摸屏
- 可拆卸无骨架电动风门
- SLS全自动线性校准
- TLS红外感应控制
- 动态图形显示
- 多种通讯接口

- 审计追踪功能
- 电子水平向导
- ECS自动去除静电
- AOS环境监测补偿
- 用户管理

Dynamica Velocity 18R Pro高速冷冻台式离心机

- 先进的驱动系统、采用柔性轴设计
- 具有自动恢复平衡功能
- 轴寿命更长、不易折断
- 主机可达更高转速（18000rpm）
- 稳定性更好
- 具更高的不平衡耐受性
- 振动更小、噪音更低

上海安谱实验科技股份有限公司（简称：安谱实验证券代码：832021），成立于1997年，总部位于上海市松江区，是一家集研发、生产、销售与服务为一体的高新技术企业，拥有两大自主品牌CNW和Anpel，处于我国实验室消耗品行业的前列。公司深耕制药、食品、环境、化工等行业，为第三方检测、高校、科研院所、各大生产企业等实验室提供超65万种耗材产品、1亿元（人民币）货值现货供应的实验室耗材一站式服务。

公司先后荣获高新技术企业、上海市科技小巨人企业、上海市院士专家工作站、上海市品牌引领示范企业、上海市"专精特新"中小企业、上海市专利工作试点企业、上海市企业技术中心会员、上海市五一劳动奖章、上海市和谐劳动关系达标企业、松江区G60科创走廊领军企业等资质和荣誉。

企业文化
▼
用心、舒心

使命和愿景
▼
树立民族品牌，成为国际先进的科学实验产品及服务平台

企业价值观
为客户创造价值、为员工创造价值、为社会创造价值

两大自主品牌

**7大产品线，65万多种SKU，超亿元（人民币）现货储备
全方位的解决方案，实验室一站式采购**

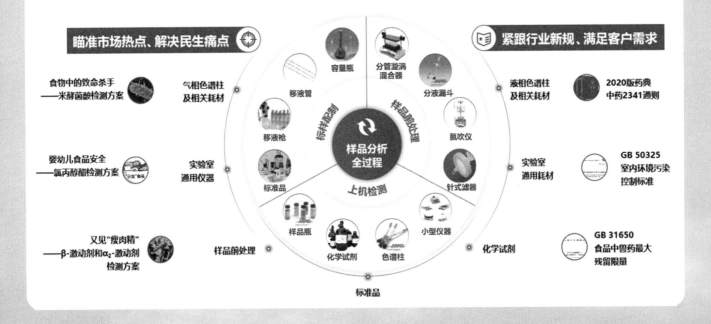

上海安谱实验科技股份有限公司
地址：上海市松江区叶榭镇叶合路59弄1号　　邮箱：shanpel@anpel.com.cn
电话：021-57895888/400-863-0099

关于我们-ABOUT OUR UNIVERSITY

　　黎明职业大学是一所以理想命名的学校。1929年春，在著名教育家蔡元培、马叙伦的倡议下，黎明高级中学开学，辛亥革命元老、著名书法家于右任题写校名并任学校董事，梁披云任校长。著名文学家巴金、鲁彦等文化教育界名人先后来校讲学和写作。1934年，黎明高级中学停办。1981年，在原黎明高级中学旧址上创办黎明学园。1984年，在黎明学园的基础上，经福建省人民政府批准，创办黎明职业大学，学校办学历经宏基初奠（1984—1994）、规模扩张（1995—2005）、内涵提升（2006—2015）、品牌优化（2016—至今）四个阶段。

　　学校入选国家"双高计划"建设单位，以福建排名第一入选国家优质高等职业院校，连续五年蝉联福建省高职高专院校发展潜力综合排名第一名，在福建省示范性现代职业院校建设工程五年总评中位居全省第一，荣膺全国黄炎培职业教育奖优秀学校奖，荣获全国高职院校服务贡献典型学校、学生发展指数优秀院校和教师发展指数优秀院校，荣获全国职业院校实习管理50强、学生管理50强和全国高等职业院校服务贡献50强、育人成效50强，办学能力、办学质量和办学水平昂首走在全省前头、全国前列。

　　学校健康食品生产技术专业群隶属轻工学院，现有在校生近1300名（含"二元制"、退役军人）；教职工37人。专业群当选为全国营养食品与果蔬加工职业教育联盟副理事长单位，全国检验检测认证职业教育集团理事会员单位，福建省食品工业协会常务理事单位，牵头成立泉州市职业院校联盟食品专业群产教协作委员会并当选主任委员单位，荣获全国行业职业技能竞赛轻工技能人才培育突出贡献奖。

　　专业群办学突出，育人成果斐然，社会服务成绩显著，科研实力逐年提升。培养学生高阶就业，开展各类社会技术技能培训，为行业企业提供科研支持和咨询服务，各类国际化办学发展迅速。立足福建省泉州市地区休闲食品产业基础，应接食品产业新发展趋势，开设了食品智能加工技术、食品检验检测技术和食品质量与安全三个专业。

科研基地 科研实力逐年持续提升　　　**高阶就业** 大数据人才培养

电话：0595-22900160　　　招生办电话：0595-22001232

地址：福建省泉州市通港西街298号（362000）